二战经典**战役**系列丛书

夺岛西西里

白隼　编著

图文版

北方联合出版传媒(集团)股份有限公司

万卷出版公司

ⓒ 白隼 2018

图书在版编目（CIP）数据

夺岛西西里 / 白隼编著. — 沈阳：万卷出版公司，
2018.8

（二战经典战役系列丛书）

ISBN 978-7-5470-5041-5

Ⅰ．①夺… Ⅱ．①白… Ⅲ．①美英联军西西里岛登陆
作战（1943）–史料 Ⅳ．①E195.2

中国版本图书馆CIP数据核字（2018）第183255号

出 品 人：刘一秀
出版发行：北方联合出版传媒（集团）股份有限公司
　　　　　万卷出版公司
　　　　　（地址：沈阳市和平区十一纬路25号　邮编：110003）
印 刷 者：辽宁新华印务有限公司
经 销 者：全国新华书店
幅面尺寸：170mm×240mm
字　　数：208千字
印　　张：14.5
出版时间：2018年8月第1版
印刷时间：2018年8月第1次印刷
丛书策划：陈亚明　李文天
责任编辑：赵新楠
特约编辑：吴海兵
责任校对：张希茹
装帧设计：亓子奇
ISBN 978-7-5470-5041-5
定　　价：49.80元
联系电话：024-23284090
传　　真：024-23284448

前　言

　　1931 年 9 月 18 日，日本关东军在沈阳制造了九一八事变，日本帝国主义的魔爪开始伸向有着五千年文明的中华大地，中国最屈辱的历史从此开始。1939 年 9 月 1 日，希特勒独裁下的德国军队闪击波兰，欧洲大地不再太平，欧洲人的血泪史从此开始书写。一年后，德国、意大利、日本三个武装到牙齿的独裁国家结盟，"轴心国"三个字由此成为恐怖、邪恶、嗜血的代名词。

　　德、意、日三国结盟将侵略战争推向极致。这场战争不仅旷日持久，而且影响深远。人类自有战争以来从未有过如此大规模、大杀伤力、大破坏力的合伙野蛮入侵。"轴心国"的疯狂侵略令全世界震惊。

　　面对强悍到无以复加的德国战车，面对日本军队疯狂的武士道自杀式攻击，被侵略民族不但没有胆怯，反而挺身而出，为了民族独立，为了世界和平，他们用一腔热血抒写不屈的抵抗，用超人的智慧和钢铁意志毫不犹豫地击碎法西斯野兽的头颅。

战役是孕育名将的土壤，而名将则让这块土壤更加肥沃。这场规模空前的世界大战，在给全世界人民带来无尽灾难的同时，也造就了军事史上几十个伟大的经典战役，而这些经典战役又孕育出永载史册的伟大军事家。如果把战役比作耀眼华贵的桂冠，那么战役中涌现出的名将则是桂冠上夺目的明珠。桂冠因明珠而生辉，明珠因桂冠而增色。

鉴于此，我们编辑出版了这套《二战经典战役系列丛书》。其实，编辑出版这套丛书是我们早已有之的宏愿，从选题论证、搜集资料、确定方向到编撰成稿，历经六个春秋。最终确定下来的这 20 个战役可谓经典中的经典，如历史上规模最大的海战莱特湾大战，历史上规模最大的航母绝杀，历史上规模最大、最惨烈的库尔斯克坦克绞杀战……我们经过精心比对遴选出的这些战役，个个都特色鲜明，要么让人热血沸腾，要么让人拍案叫绝，要么让人扼腕叹息，抑或兼而有之。这些战役资料的整理花费了我们相当多的时间和精力，兴奋、激动、彷徨、纠结，一言难尽。个中滋味，唯有当事人晓得。

20 个战役确定下来后就是内容结构的搭建问题。我们反复比对已出版的类似书籍，经过研究论证，最终形成了自己的特色。历史拐点（时间点）往往是爆发点，决定历史的走向，而在这个历史拐点上，世界上其他地方正在发生什么？相信很多人对此都会比较感兴趣。因此，我们摈弃了传统的单纯纪事本末叙述方式，采用以时间轴为主兼顾本末纪事的新颖体例。具体来说，就是在按时间叙事的同时，穿插同一时间点上其他战场在发生什么，尤其是适当地插入中国战场的情况，扩大了读者的视野。

本套丛书共 20 册，每册一个战役，图文并茂，具有叙事的准确性与故事的可读性，并以对话凸显人物性格和战争的激烈与残酷。每册包含几十幅精美图片，并配有极具个性的图说，以图点文，以文释图，图文相得益彰。另外，本套丛书还加入了大量的原始资料（文件、命令、讲话），并使其自然融入相关内容。这样，在可读性的基础上，这套丛书又具备了一定的史料价值，历史真实感呼之欲出，让读者朋友不由自主地产生一种穿越的幻觉。

本套丛书的宗旨是让读者朋友在轻松阅读的同时，对第二次世界大战有一个整体的认知，力求用相关人物的命令、信件、讲话帮助读者触摸真实的历史、真实的战场，真切感受浓浓的硝烟、扑鼻的血腥和二战灵魂人物举手投足间摄人心魄的魅力。

品读战役，也是在品读英雄、品读人生，更是在品读历史。战役有血雨腥风，但也呼唤人道。真正的名将是为阻止战争而战的，他们虽手持利剑，心中呼唤的却是和平。相信读者朋友在读过本套丛书后，能够对战争和名将有一个不一样的认识。

最后，谨以此书献给那些为和平、为幸福奋斗不息的人们！

目　录

第一章

难产的夺岛计划

亚历山大决定当面把计划变动的情况告诉巴顿，他小心翼翼地问："乔治，对于新计划，你能不能对我谈谈你的意见？"巴顿强压怒火，脚跟一并，敬了个军礼，只说了一句："将军，我只服从命令！"

◎ 巨头密会

1942 年 11 月初,蒙哥马利指挥英军第八集团军在阿拉曼大败老对手隆美尔指挥的"非洲军团"。与此同时,巴顿将军指挥美军西线特遣队在北非成功登陆。随后,美英盟军占领摩洛哥、阿尔及利亚,夺取突尼斯,一路势如破竹。

1943 年春,艾森豪威尔和"血胆将军"巴顿率领的美军与亚历山大和"沙漠之鼠"蒙哥马利指挥的英军密切配合,彻底击败"沙漠之狐"隆美尔指挥的"非洲军团"。"沙漠之狐"无奈回国,曾经不可一世的"非洲军团"从此荡然无存。

此时,战争的天平开始向同盟国倾斜,盟军完成了对德意轴心国的包围,接下来的行动是登陆欧洲大陆,向德意本土推进,而登陆欧洲大陆的前提是选择一个合适的登陆点。盟军经过慎重考虑,最终将登陆地点定在意大利的西西里岛。

西西里岛，地中海最大的岛屿，属意大利管辖，位于亚平宁半岛的西南。整个岛屿呈三角形，面积 25700 平方公里，人口约 400 多万。西西里岛东西长 300 公里，南北最宽 200 公里，地形以山地、丘陵为主，高处是埃德纳火山。岛上西北角为巴勒莫港、东北角为墨西拿港，与意大利本土的卡拉布里亚市只有一条狭窄的墨西拿海峡相隔，东南角有锡腊库扎港。整个岛屿易守难攻。

1943 年年初，当罗斯福和丘吉尔决定不在年内横渡英吉利海峡登陆法国后，便决定利用驻北非的军队登陆意大利西西里岛，目的是消灭轴心国在岛上的海空力量，让盟军舰只自由通过地中海，将独裁者墨索里尼赶下台，迫使意大利退出战争。

当英军在阿拉曼大败隆美尔、美军一路杀向突尼斯时，英国首相丘吉尔踌躇满志，打算为盟军制定今后的战略方针，于是给美国总统罗斯福发去一封电报，邀其进行会晤，共商大计。罗斯福觉得应邀请苏联领导人斯大林，免得让人觉得同盟国之间不够团结。然而，此时苏联红军正将德国重兵围于斯大林格勒。斯大林因军务在身，婉言谢绝了。

罗斯福和丘吉尔对此颇感失望，随即商议了会晤地点。罗斯福提出，美国总统不能远离美国，也不能去英国，不过可以去美军驻扎的地区，如冰岛和北非。冰岛此时正逢隆冬，冰天雪地，终日雾气蒙蒙，飞行的风险太高。于是，二人最终选择了四季如春的摩洛哥最大城市卡萨布兰卡。为了安全起见，二人一致要求这次会议必须严格保密。为此，罗斯福对外称"将军"，丘吉尔则称"P 先生"。

1 月 12 日，丘吉尔乘一架美制 C-46 型运输机离开伦敦，穿过大西洋黑漆漆的夜空，于当晚抵达卡萨布兰卡。卡萨布兰卡当局为丘吉尔及其随行人员提供了安静的住所。为了安全起见，丘吉尔将守卫换成自己的保安部队。这位首相在他的回忆录中写道："我和庞德还有另外两名参谋在岩崖和海滩上做了几次愉快的散步。惊涛拍岸，卷起巨浪，让人难以相信竟会有人从海上登上滩头。没有一天是风平浪静的，高达45米的巨浪以排山倒海之势冲击着巨大的岩崖。难怪有那么多登陆舰艇和小艇连同士兵被弄翻了呢。"

丘吉尔的这段描述既反映了他本人在战争期间由于该地环境迷人而产生的一种愉快心情，也表明了两个多月前美军在卡萨布兰卡的登陆作战确非易事。

在遥远的大西洋另一头，罗斯福于1月9日乘专列离开华盛顿，先到巴尔的摩，然后南下到达佛罗里达的迈阿密。从迈阿密登上飞往非洲的专机。罗斯福从1932年以后再也没有坐过飞机，但他对这次长途旅行非常满意。

1月14日下午，罗斯福的专机抵达卡萨布兰卡机场。此时，丘吉尔已在这个城市住了两天。罗斯福到达卡萨布兰卡的当天即在安法兵营举行参谋长联席会议。所谓参谋长联席会议，是根据英美两国的协议于1941年12月建立的最高军事领导组织。当时，英国首相丘吉尔及其陆海空三军参谋长访美，双方在会谈时，提出建立一个盟军联合指挥机构。二战期间，英美两国军队的行动是在统一的战略下实施的，而统一战略的制定均出自联合参谋会议。在作战问题上，凡是涉及两国部队战略指挥、兵力物资分配、情报的使用、交通的协调以及对占领区的管理，均由参谋长联席会议负责协调。

参加这次参谋长联席会议的是英美双方的军界精英。美国方面有马歇尔将军、海军上将金·阿诺德将军，英国方面有迪尔元帅、布鲁克将军、庞德将军、波特尔将军。会议的主要议题是北非战役胜利后的战略方针，并初步商定突尼斯的军事行动结束后，下一步的进攻目标。这些问题是英美两国高级将领、政府要员多次悬而未决的问题。之所以悬而未决，是因为两国在战争指导思想上存在着巨大的差异。

英国是欧洲岛国，海上霸主。几百年来，英国依靠自己的制海权，在敌国兵力难以迅速集结的地区登陆，与当地同盟军一起以持久战削弱敌人，最终迫使对方接受对英国有利的和平条件。这就是英国传统的"间接战略"。英国在一战中派出几百万远征军，在法国和比利时实施"直接战略"与德军血战了4年，却战绩平平。这一教训让英国人相信，必须实施"间接战略"。首先扫清德国的外围，通过轰炸、海军封锁、颠覆和破坏，削弱德国，等到时机成熟时，再令大军在法国北部登陆，横扫西欧，直捣希特勒的老巢。

基于这种思想，英国首相丘吉尔、英军总参谋长布鲁克、英美参谋长联席会议英方首席代表迪尔都主张盟军消灭北非的德意军队后，在西西里岛或撒丁岛、巴尔干半岛这些欧洲大陆边缘地带登陆，牵制、削弱德军，将意大利逐出战争，把土耳其拉入反法西斯阵营，在南欧开辟对德作战的战场。在德军被削弱后，进而大举在法国北部登陆。英国的战略方针遭到以美军参谋长联席会议主席、美国陆军参谋长马歇尔上将和美国海军作战部长欧内斯特·金海军上将的反对。

然而，美国没有英国的那种战争经历，主张凭借盟国巨大的人力、物力和海军优势，直接在法国北部登陆，在弗兰德和法国北部与德军决战，围歼德军主力，直捣德国腹地，结束战争，而在南欧开辟战场势必影响到法国北部的登陆计划。以马歇尔为代表的美国军方不愿卷入欧洲国家之间复杂的纠纷之中，而替英国出力恢复其在东南欧的影响。虽然美国和英国于1941年春就达成《ABC -1 参谋协定》，确定了"先德后日"的战略方针，并于 1942 年 12 月肯定了这一方针。然而，美国人担心，一旦对德战争结束，英国人会退出战争，不承担对日作战的义务，把太平洋战争的重任推给美国。

马歇尔最担心的是"狡猾的英国人捉弄了天真的美国人"。基于这种担心，马歇尔主张一旦北非战事结束，盟军即立刻挥师北上，在英格兰集结兵力，在法国登陆。美国海军作战部长金则主张增加分配到太平洋战场的兵力、兵器的比例，即从现在的 15% 增至 30%，以加强对日本的压力。

在当天的第一次会议上，英军总参谋长布鲁克阐述了英国的战略方针。他首先指出，击沉德国潜艇对于战胜德国至关重要，"所有的进攻行动都受到船舶不足的掣肘，如果我们不能制服德国潜艇，就不能取得战争的胜利"。

布鲁克接着谈到地面的战略形势：德国在苏德战场和北非均处于守势，他的盟友已经失去信心，因此在 1943 年战胜德国并非不可能。最好的办法是尽力援助苏联，加强对德国本土的战略轰炸，实施两栖登陆，而登陆地点应选在交通不便，德军难于迅速集结、屯集重兵的地区。他说："由于中欧、西欧交通发达，德国在 12 至 14 天内能把 7 个师从东线运到西线。但由于阿尔卑斯山天险，德国在同样的时间内只能把 1 个师运到意大利或巴尔干。为了防御漫长的地中海北岸，德国将被迫屯集兵力，并把兵力分散部署在漫长的海岸线上。因此，在地中海地区发动攻势可以保持对德国的压力，其对苏联的援助效果，要大大超过冒险在法国北部登陆，并很有可能将意大利逐出战争，让土耳其卷入战争。"

布鲁克说完后，美国海军作战部部长金介绍了太平洋的战略形势和自己的战略方针。他说："盟军已在所罗门群岛发起攻势，以保卫美国与澳大利亚的交通线。但以目前的兵力，盟军只能推进到瓜达尔卡纳尔岛和图拉吉岛。如果再向前推进，便可揳入日本的防御圈，攻入荷属东印度（今印度尼西亚）或特鲁克和马里亚纳群岛。盟军必须保持对日本的压力，防止日本有充裕的时间巩固其防御圈。"

金的话立即引起英国人的反对。布鲁克问金："增加太平洋方向的兵力，保持对日本的压力，肯定会减少对德作战的力量，这样是否要改变'先德后日'的战略方针？"

性格直率的金直言不讳："美国担心一旦德国被打败，英国会让美国独自收拾日本。"

布鲁克顿时哑口无言，英国空军参谋长波特尔赶紧出来打圆场，建议蒙巴顿勋爵领导的联合作战计划委员会计算一下所需要的兵力、武器和船舶。蒙巴顿让委员会中的美国人起草一份估算报告。

◎ 定三事

几天后，美国人向会议提交了估算报告。报告中指出，美国 1943 年在太平洋的目标是：在西南太平洋，继续向拉包尔和萨拉莫亚推进；在中太平洋，占领吉尔伯特群岛和马绍尔群岛，扫清通往特鲁克的通道；在北太平洋，收复阿留申群岛中被日军占领的阿图岛和基斯卡岛；在缅甸，发动两个攻势，打通滇缅公路。为此，需要在太平洋增兵 21 万、500 架飞机和 125 万吨船舶。

英国人看完报告后，大吃一惊，问美国从哪里弄到这么多船。马歇尔虽然反对在地中海发动攻势，但布鲁克出色的发言和令人信服的论据，却在美国海军和陆军航空兵中赢得了支持者。

布鲁克说："德国无需从东线抽调兵力就可在法国集结 44 个师，而盟国目前尚没有足够的兵力和登陆舰艇击败德军，因此盟军应该利用已经在北非集结起来的兵力占领西西里，将意大利逐出战争，迫使德国调重兵占领意大利和巴尔干，接管原先由意军驻守的地区，以分散德军兵力。"针对美国人担心卷入在意大利半岛的作战，布鲁克告诫参谋长联席会议不要支持任何反法西斯骚乱，这样做只会没有目的地牵制自己大量兵力。

布鲁克的发言正中要害。美国陆军航空兵司令阿诺德将军支持在地中海地区发动攻势，认为这样比在法国北部登陆更能分散德国空军的兵力，如果意大利垮台，盟军可以获得空军基地，轰炸罗马尼亚油田和德国合成石油工厂。

金也认为布鲁克说得有理。他认为，在地中海发动攻势占领西西里岛，可以充分发挥盟国在该地区的现有兵力，表示愿意提供充分的海军支援。

布鲁克的发言同样折服了罗斯福，他表示同意英国人 1943 年的战略方针，即同盟国的物资必须首先用于击败德国潜艇；必须尽量向苏联运输供应品，以便支援苏联的军队；使用同盟国可能用于对德作战的一切兵力，击败德国。

1 月 20 日，根据会议精神，英方拟制出一个西西里岛登陆作战计划纲要，代号为"爱斯基摩人"，其兵力由驻近东的英国部队和驻北非的美国部队组成。

丘吉尔当然对这个作战计划纲要非常满意，不过有一个棘手的问题有待解决，即让吉罗将军和戴高乐将军领导的法国两派携手共同抗击法西斯德国。戴高乐将军从 1940 年 6 月到达英国后，违反法国维希政府的禁令在英国广播公司发表了"6·18"演说，举起抗德救国的大旗，组织起"自由法国运动"，因此被维希政府缺席判处死刑。

英国政府一直支持戴高乐，并向他提供经费和装备。然而，美国政府则对戴高乐持有偏见，一直同维希政府保持着外交关系。罗斯福看不上戴高乐，想让吉罗出任。吉罗是美国特工从法国南部营救出来的一位法国将军，美国想扶持他成为未来法国的政治首脑。丘吉尔却是戴高乐的保护者，不过他不想因为戴高乐而破坏与美国的关系。另外，盟军即将重返欧洲大陆，罗斯福和丘吉尔一致觉得有必要使法国的两派首脑联合起来。鉴于此，丘吉尔在动身去卡萨布兰卡之前，让外交大臣艾登以断绝支援为由，逼迫戴高乐来卡萨布兰卡与吉罗会晤，甚至威胁说，如果不来卡萨布兰卡，英国就请别人接替他那设在伦敦的法国解放委员会的职位。

会议开始后，戴高乐仍然没有动身。罗斯福急电催促艾登："新郎已到，新娘何在？"在英美领导人的再三催促下，戴高乐终于在 1 月 22 日来到卡萨布兰卡。戴高乐来到卡萨布兰卡后，住在与吉罗相邻的别墅里但拒绝与其会晤。吉罗将军对戴高乐更是不屑一顾。丘吉尔和罗斯福为此伤透了脑筋，软硬兼施，一定要化解两人的矛盾。

1 月 22 日，盟军参谋长联席会议决定将 7 月 25 日定为 D 日，同时推举美国陆军中将艾森豪威尔为北非战区最高司令官。

1 月 23 日，卡萨布兰卡举行最后一次全体会议。会上，盟军参谋长联席会议向罗斯福和丘吉尔递交了《1943 年的作战方针》，明确规定肃清北非的轴心国军队后，夺取西西里岛，战役开始时间不得迟于 1943 年 7 月。

盟军的最终目标是攻克西西里东北角的墨西拿，切断岛上德意联军的退路并占领全岛。然而，西西里北岸港口巴勒莫和墨西拿两城市都在以突尼斯、马耳他为基地的盟军战斗机作战半径之外。鉴于此，盟军只得选在距马耳他和突尼斯较近的西西里东岸和南岸登陆。为了抢占各路口、阻击德意联军趁登陆部队立足未稳时的反击，盟军决定首次使用空降兵。空降兵的使用对登陆时间要求非常苛刻，除了必须是大潮之时外，还要求是黑夜，而空降还要求有光亮。为了解决这个矛盾，盟军作战计划人员将登陆时间定于7月10日凌晨。这一天是满月大潮，空降兵可以借助月光着陆，登陆可在黑暗中接近海岸，黎明时抢滩上岸。

与此同时，盟军参谋长联席会议还宣布了向艾森豪威尔下达的《关于"爱斯基摩人"的作战训令》。训令指出："1943年将对西西里发起进攻，……任命你为最高司令官，英国陆军上将亚历山大为副司令官，英国海军元帅坎宁安为海军司令，英国空军上将特德为空军司令。你应将关于东部和西部特混舰队司令人选的荐任书呈报同盟国参谋长联席会议。你应与亚历山大将军协商建立专门的作战和行政司令部……以便进行战役计划和准备工作。"

艾森豪威尔

艾森豪威尔，1890年10月14日生于美国得克萨斯州丹尼森。艾森豪威尔的父亲是制乳厂工人，有7个孩子，他排行第三。1915年毕业于西点军校，毕业时在班上排在第61名，只得到军士长的军衔。后在得克萨斯州圣安东尼第十九步兵师服役，少尉军衔。1925年先后在参谋学校、陆军军事学院学习。1929年至1932年任陆军部长特别助理。1933年至1939年任陆军参谋长麦克阿瑟的助手。1941年12月美国参加第二次世界大战后，在马歇尔手下任作战计划处处长，晋升为少将。1942年先后任欧洲战场美军司令、北非战场盟军司令，晋升为中将、上将。1944年任欧洲盟军最高司令，成功策划指挥了盟军开辟欧洲第二战场的诺曼底登陆战役，晋升为五星上将。1945年继乔治·马歇尔任陆军参谋长。1948年2月退役，任哥伦比亚大学校长至1953年，从1950年起一直缺席而担任北约司令。1952年作为共和党总统候选人参加竞选总统获胜，成为美国第34任总统，1956年再次竞选获胜，蝉联总统。

1969年3月28日在华盛顿因心脏病逝世。

罗斯福与丘吉尔通过这次会晤决定了三件大事：第一件事，确定了1943年英美盟军的进攻方向。罗斯福接受了丘吉尔竭力兜售的攻占西西里岛的计划，确保地中海航行安全，迫使意大利投降，然后从巴尔干进入欧洲大陆腹地。第二件事，美英两国把各自支持的法国政治首脑吉罗和戴高乐拉到一起，迫使两人会见并握手，结成"强迫婚姻"。第三件事，盟国第一次明确了战争的最终目的是迫使轴心国无条件投降。

◎ 记者招待会

1月24日下午，戴高乐和吉罗终于在罗斯福别墅的花园里同时亮相，在罗斯福面前做了"一次短短的、甚至是勉强的握手"。当丘吉尔进来时，戴高乐对他说："我们两人已经同意……我们将尽我们的力量来草拟一个圆满的计划，一起行动。"最后，戴高乐和吉罗同意组成法兰西民族解放委员会，同任主席。丘吉尔在他的回忆录中写道："在举行这场费了九牛二虎之力才告成功的'强迫婚姻'或'持枪通婚'之后，总统对记者发表了演说，我支持他们的意见。"

随后，罗斯福和丘吉尔举行了记者招待会。罗斯福在记者招待会上引爆了一颗"大炸弹"。由于会议一直严格保密，记者们见两巨头一起出现，简直不敢相信自己的眼睛。罗斯福当着丘吉尔的面宣布："总统和首相在考虑了世界大战的局势后，比以往更加确信：只有彻底摧毁德国和日本的战争力量，世界才能迎来和平。我们能够把战争的目的非常简单地表述为：德国、日本和意大利无条件投降。不要误会，并不是说我们要消灭德国、意大利和日本的人民，而是要消灭这些国家以征服和镇压他国人民为基础的哲学。"

罗斯福说完后，丘吉尔露出了尴尬的表情。他勉强笑了笑，讲了两句赞成的话，例行公事般提议为"无条件投降"干杯。罗斯福和丘吉尔的"无条件投降"在当时和战后一直受到许多政治家、军事将领、评论家和历史学家们的批评。这些人，其中包括许多德国反法西斯的高级将领抱怨说，"无条件投降"其实帮了希特勒和日本法西斯的忙，为他们煽动狂热的民族主义、加强社会控制提供了根据，给那些想推翻法西斯政权的人们造成极大的困难，致使战争一直打到希特勒自杀才告结束。

战后，外交大臣贝文于 1949 年 7 月 21 日向英国下院报告说："由于'无条件投降'的政策，我们在战后德国重建问题上遇到极大的困难，当时没有人就此政策同我或战时内阁商量过。"丘吉尔当场起身辩驳说："我自己也是在记者招待会上第一次听到这个词。"

事后，罗斯福似乎有点后悔，他对自己的顾问霍普金斯说："我们为了使这两位法国将领在一起费了那么大劲，让我感到就像让格兰特和李（编者注：美国内战时期的两位将军）言归于好一样困难。后来，就突然举行了记者招待会，温斯顿和我都没有时间准备。我突然想起人们把格兰特叫作'老牌无条件投降'，于是我就知道我说过这句话。"

罗斯福似乎事先没有与丘吉尔通过气，脑子一热，就信口说出这个词。事后人们发现罗斯福手里有一大叠发言稿，事先同丘吉尔协商过。

罗斯福和丘吉尔召开的记者会结束后，为期 10 天的卡萨布兰卡会议宣告结束。

在卡萨布兰卡会议上，盟军达成了重要战略折中方案：把跨越英吉利海峡的作战推迟到 1943 年以后，而美国则保留它在太平洋上的主动权。这个折中方案包含着一个内容，那就是攻克的黎波里和突尼斯之后，攻占西西里岛。因此，西西里岛战役实际上是英美两国政治争论和妥协的结果。尽管战胜轴心国的目标一致，但美英考虑到各自的利益，不得不在实现途径上据理力争，最终的结果必然是妥协。在西方文化中，妥协是一门有着极高价值的艺术，是在不能获得全部利益的条件下，获取最佳利益的最好方式。

西西里岛登陆作战是美英妥协的产物，苏联政府却不这样认为。斯大林认为卡萨布兰卡会议对解决二战中联盟战略的主要问题是毫无建树的，夺取西西里岛是一个不起眼的作战行动，他还强调这次会议又是一次狡猾的英国人的外交胜利，但也只能停留在口头抱怨而已。苏联《真理报》援引美国记者拉尔夫·英格索尔的话说："卡萨布兰卡会议是一次折磨人的难产的会议……最后只生下了一个西西里岛小老鼠。"

1 月 26 日，戴高乐和吉罗发表联合公报："我们会见了，交谈了，确定了所要达到的目标。这个目标就是彻底击败敌人，以获得法国的解放和全人类自由的胜利。……如果在战争中能把与盟国并肩作战的法国人民团结起来，我们相信，这个目标一定能实现。"实际情况是，后来，吉罗因缺乏政治才干被戴高乐排挤出去。

◎ 隆美尔，美国陆军的梦魇

卡萨布兰卡会议结束后，盟军组织了一套参谋班子，开始制订在西西里岛登陆的"爱斯基摩人"行动计划。计划工作由盟军总司令艾森豪威尔亲自负责，计划小组开始在伦敦工作，后转到北非，该计划小组被命名为"141"小组。"141"小组的直接负责人是英军少将盖尔德纳。美军第一装甲军军长巴顿于2月份进入"141"小组工作。

会后不久，初出茅庐的美国陆军在突尼斯与德军刚一交锋，就挨了"沙漠之狐"隆美尔一记重拳。这场战役就是著名的"卡塞林山口之战"。隆美尔在阿拉曼被蒙哥马利打得落荒西逃后不久，艾森豪威尔率盟军在北非登陆，锋芒直指突尼斯。

希特勒和墨索里尼见隆美尔腹背受敌，知道大势不好，两人又不愿将北非拱手让给盟军，这样将会把意大利本土和整个地中海北岸暴露在盟军的打击之下，于是急令驻意大利本土和西西里的德意军队海空并进，在盟军到来之前，抢占突尼斯。

凶悍的德国伞兵在突尼斯城着陆，打垮了为数不多的法国守军，控制了机场和港口。随后，德意联军的大部队接踵而至。德军第五装甲集团军司令阿尼姆将军指挥部队在突尼斯快速推进，很快打败了士气虽高但装备简陋的法军，并夺取了扼守突尼斯沿海平原的"东脊"。

艾森豪威尔指挥的东进盟军遇到连日大雨，道路、机场成为泥塘，运输停顿。盟军飞机虽多，却无法起飞。德意飞机从突尼斯城的混凝土机场跑道上起降，轰炸盟军。

阿拉曼的惨败，让隆美尔觉得是个耻辱，急欲报一箭之仇。西撤路上，一直在盘算着如何挽回声誉。这时，守卫突尼斯的盟军是安德森指挥的英军第一集团军。这是一个指挥关系混乱、由英法美3国军队拼凑起来的集团军。英军在北翼，虽久经沙场，经验丰富，装备精良，但人数不多；法军在中路，人数虽然众多，但是装备简陋，不听从英将安德森的调遣；美军第二军在南翼，正对着隆美尔，人数众多，装备精良，但毫无经验，还趾高气扬。

隆美尔盯上了美军，准备趁蒙哥马利未到之际，先向西进攻，给美军一个下马威，从美军防线撕开一个缺口，占领卡塞林山口和战略重镇特贝萨。之后挥师北上，冲到地中海海岸的波贝，进而围歼英军第一集团军。

隆美尔刚到突尼斯就接到可以随时回国治病的命令，但他不走，想抓住最后的机会，挽回自己的声誉。他准备用阿尼姆的第十、第二十一装甲师从卡塞林东北部的弗德山口出发，占领卡塞林，自己率"非洲军团"从卡塞林东南的盖塔尔经加夫萨，杀向卡塞林，与阿尼姆会师，然后携手占领特贝萨，冲向波贝。阿尼姆同意兵分两路进攻卡塞林，却不愿向波贝推进，他担心北面的英军发起进攻。

德军厉兵秣马，美军磨刀霍霍。

盟军通过"超级机密"破译了德军密码，本应对德军的进攻方向了如指掌，但情报处长英国准将莫克勒·弗里曼认为德军将在更北面的丰杜克进攻。于是，英军第一集团军司令安德森便在丰杜克地区大设伏击，准备迎敌。美军第二军的阵地上却是另一番景象，这个防线有 150 公里长，没有纵深。美军没有经验，部署不当，却得意扬扬，不修工事。军长弗雷登道尔身材矮小，说话粗鲁，目无官长，遇事急躁。他很少去前线侦察敌情，却对自己的安全过分关心，命令 200 名工兵在远离前线几乎无法进入的峡谷里掘洞修建深埋于地下的指挥所。

2 月 11 日，艾森豪威尔任命了几个指挥官。两天后，盟军参谋长联席会议同意了艾森豪威尔的任命。地面部队指挥官：蒙哥马利指挥东部特遣部队，称为五四五特遣部队，实际上就是第八集团军，辖第十三军和第三十军；巴顿指挥西部特遣部队，称为第三四三特遣部队，辖美军的第二军（由奥马尔·布莱德雷指挥），该军最后升级为美军第七集团军。这两支特遣部队归亚历山大指挥，后来则简单地把所辖两个集团军的番号合在一起，称为第十五集团军群。

2 月 14 日凌晨 4 时，德军右翼第二十一、第十装甲师突然冲过弗德山口，杀向美军防线。德军铁流滚滚，扬起遮日烟尘。身经百战的德国装甲师配合默契，快而不乱。初上战场的美国兵从没见过这般阵势，吓得面如土色，甚至丢了坦克和大炮，拼命向后方逃去。德军很快占领了美军阵地。战场上美军的装备和各种物资扔得到处都是，其中有 44 辆坦克、59 辆半履带装甲车、

26门大炮。美军被打得晕头转向,艾森豪威尔以为这是德军的佯攻。

2月15日,美军一个战斗群(相当于团)向突入的德军发起反击。百余辆美国坦克和装甲车像在阅兵场上一样,一气冲出去20公里,一头扎进阿尼姆设下的德军第二十一、第十装甲师的伏击圈。德军大炮齐鸣,美国坦克纷纷起火爆炸,其余的乱作一团。黄昏时分,美军落荒而逃,丢下了54辆坦克、57辆半履带式装甲车和29门大炮。在阿尼姆大败美军的时候,隆美尔的"非洲军团"以迅雷不及掩耳之势打出了力量不大却异常凶猛的左拳。美军乱了阵脚,不战而逃,撤离加夫萨。

2月17日,隆美尔驱车前往加夫萨。路上挤满了缴获的美国装甲车和吉普车,一队队美国俘虏正被送往后方。下午,德军到达弗里阿那,占领了突尼斯南部的2个美军机场。美军放火焚烧汽油,机场上顿时浓烟四起,爆炸声不断,但是仍然有30架飞机和大量的汽油成了德军的战利品。德军势如破竹,卡塞林山口成为囊中之物,特贝萨唾手可得,通往波贝的道路眼看就要被打开了。美军第二军在两天内被隆美尔打得七零八落,躲在峡谷中的军长弗雷登道尔只会在地下工事里用无线电向部下喊口号。

艾森豪威尔束手无策,指责情报处长莫克勒·弗里曼判断失误,急令摩洛哥的巴顿将军火速前往突尼斯。整个盟军司令部乱作一团,没有人能阻止隆美尔一口气冲到阿尔及尔。就在这时,奇迹发生了。德军没有全力向特贝萨、波贝方向进攻,而是突然将第十装甲师调往北面,进攻英军防守的勒凯夫。原来第五集团军司令阿尼姆胆小谨慎,想保住突尼斯桥头堡,不敢下大赌注夺回北非的主动权。他担心北面的英军会抄自己的老窝,不敢集中兵力于南线,向西北方向袭击盟军侧后。他见德军初战获胜,急令第十装甲师北上进攻英军的正面。

隆美尔得知第十装甲师北上，勃然大怒，但他无权指挥阿尼姆，自己手下只有经过 2000 公里长途跋涉、疲惫不堪的步兵，只得电告远在罗马的德军南线总司令凯塞林，说阿尼姆的命令是"骇人听闻、不可思议的鼠目寸光之见"。

凯塞林支持隆美尔，但凯塞林的直接上司、意军总参谋长却支持阿尼姆，两人争执不下。凯塞林最后说服意大利人，同意隆美尔使用 2 个装甲师在特贝萨和勒凯夫之间发动进攻。

凯塞林以为隆美尔能按自己的理解去解释这个灵活的命令，但隆美尔浑然不知，读完命令后大失所望。他率部向北，在卡塞林山口又把美国人打得抱头鼠窜，接着便遇到了英军。隆美尔虽然挡住了英军，但遇到的抵抗越来越强。

隆美尔知道自己当初的判断是正确的，这样打下去，在装备和人员上均处劣势的德军将无法脱身，而背后的蒙哥马利正步步逼近。他的信心开始动摇，于是在 2 月 22 日下令撤退。

德军的悄然撤走，让艾森豪威尔躲过了一场灭顶之灾。在短短的一个星期内，德军仅损失 2000 人，盟军损失近 1 万。特别是 3 万之众的美军第二军伤亡高达 6500 人，损失 183 辆坦克、装甲车 194 辆、大炮 208 门、卡车和吉普车 512 辆。时任美军第十军军长的布莱德雷在回忆起这次战役时写道："即便经过这么多年后，每当回想起那次灾难性事件时，仍是痛心不已。在美国陆军引以自豪的历史中，可谓最不光彩的一页。"

◎ 巴顿锻造第二军

2月28日清晨,隆美尔向蒙哥马利发起冲击。蒙哥马利凭借"超级情报",对隆美尔的部署一清二楚。他写道:"隆美尔在黎明时开始向我进攻,真是个大草包,我在那里有500门反坦克炮和400辆坦克,此外还有大量的重炮。这真是天赐良机,那家伙简直是疯了。"

下午5时,隆美尔见势不妙,下令停止进攻。他的145辆坦克中的50辆被英军击毁,他知道大势已去,若不快撤,34万人的部队必将全军覆没。他请求元首也来一个"敦刻尔克大撤退",却遭到断然拒绝。隆美尔绝望了,他不相信意大利海军有能力供应34万军队的给养。

3月5日,巴顿临危受命,离开"141"小组去阿尔及尔接替弗雷登道尔担任美军第二军的军长。第二军是一个新组建的部队,军纪非常涣散。在美军中以训练差、军纪差、军容差出名,是有名的"三差"部队。为了恢复这支部队的战斗力,巴顿上任伊始就从抓军纪开始,针对军官士兵训练迟到的现象，规定 7 点半必须开完饭，晚来 1 分钟就没有饭吃。晚吃完 1 分钟饭就撤了，就得饿到中午。接着，他又规定每一位官兵必须戴钢盔，扎领带，扎绑腿，包括护士在内，概不例外。很多官兵认为这是吹毛求疵，怀疑巴顿令出未必那么认真，不可能一抓到底。

巴顿

巴顿定下这个规矩后，每天除了到军部转一圈，还到各个师视察，专门抓不戴钢盔的人。他检查非常认真，一次在厕所，正好一名士兵蹲厕所没戴钢盔，他就在厕所外边等着，出来之后叫他到师部去。在那个师抓了 25 个不戴钢盔的，巴顿对他们说："对任何一个不立即执行我命令的兔崽子决不容忍，我给你们最后一次机会，要么罚款 25 美元，要么送你上军事法庭。在这里，我郑重地告诉你们，送军事法庭是要记入军人档案的。"谁都知道，记入军人档案会成为黑点，退役后一生就有一个污点了，所以这 25 个人乖乖交了 25 美元，这个事情很快就传开了。

仅仅一周，精神涣散、士气低落的第二军便脱胎换骨，焕然一新。当艾森豪威尔来视察时，简直不认识这个军了。他对巴顿说："有人将你告到我这儿，但我不信他们，我只信你。"

巴顿，1885 年 11 月 11 日生在美国加利福尼亚州的一个军人世家。18 岁时进入私立弗吉尼亚军事学院学习，一年后获得入西点军校的保送资格。1909 年 6 月，巴顿军校毕业，随即以少尉军衔在第一集团军骑兵部队服役。1939 年 9 月，德国入侵波兰，第二次世界大战全面爆发，美国面临战争。巴顿的军事才能得到陆军参谋长马歇尔的赏识，认为他是能在战场上战胜快速机动的德军的优秀将才。1940 年 7 月，马歇尔批准组建装甲师，巴顿受命组建一个装甲旅，并被晋升为准将。同年，巴顿被任命为第二装甲师师长，晋升为少将。1941 年 12 月珍珠港事件后，美国对德日意轴心国宣战。1942 年 1 月，巴顿升任第一装甲军军长。11 月，巴顿率领美国特遣队 4 万多名官兵横渡大西洋，在法属摩洛哥实施"火炬"登陆，经过 74 小时的激战，终于迫使驻摩洛哥的德军投降。北非登陆成功，为盟军顺利地完成北非战局部署创造了有利条件。随后，巴顿被任命为美国驻摩洛哥总督。1943 年 3 月 5 日，巴顿临危受命，接任被隆美尔击败的美军第二军军长，他从到达第二军的那天起，便全力以赴地整肃军纪，迅速改变了全军涣散的软弱状态。3 月 17 日，面目一新的美军第二军向德军发起进攻，一路猛攻猛打，进展迅速，很快与英军在突尼斯北部完成了对德军的合围。突尼斯战役不久，巴顿晋升中将，升任美军第七集团军司令。1943年7月9日，盟军发起西西里岛登陆战役。巴顿指挥美第七集团军攻取巴勒莫，随后抢在蒙哥马利之前拿下了墨西拿城。盟军占领了西西里岛，德军退到意大利本土。1944年任第三集团军司令，作为第2梯队参加诺曼底登陆，指挥装甲兵团横扫西欧大陆，直至奥地利。9个月间，歼敌140万，解放大小城镇1.3万座，且相对伤亡最小。1944年12月，巴顿率第三集团军在阿登地区击退德军的大反扑，解救了被围的盟军部队。1945年3月，巴顿再次抢在蒙哥马利之前渡过了莱茵河。1945年5月初，巴顿的第三集团军一直推进到奥地利边境方才收住脚，取得惊人的战果。4月16日，巴顿被晋升为四星上将。1945年5月8日，德国投降，欧洲战争结束，巴顿被任命为巴伐利亚州军事长官、第十五集团军司令。12月9日，巴顿在外出打猎时突遇车祸而受重伤，21日在德国海德堡一家医院辞世，终年60岁。

3月9日，"沙漠之狐"隆美尔借口身体有病，挥泪告别在北非战斗了两年的战友们，永远离开了非洲。

3月17日，面貌一新的美军第二军向德军发起进攻，一路猛攻猛打，进展迅速，很快与英军在突尼斯北部完成了对德军的合围。突尼斯战役不久，巴顿被晋升为中将，并将第二军的指挥权交给初露头角的副军长布莱德雷，自己升任美国第七集团军司令，回到"141"小组继续参与制订在西西里岛登陆的"爱斯基摩人"行动计划。

◎ 蒙哥马利反对"爱斯基8号"

4月初，蒙哥马利的第八集团军与布莱德雷的美军第二军会师。鉴于卡塞林之战的惨痛教训，盟军调整了自己的组织结构：北非组成第十八集团军群，亚历山大任司令。亚历山大调兵遣将，准备北非的最后一战。他把美军第二军调到左翼，蒙哥马利的第八集团军仍在右翼，由安德森指挥的英军第一集团军在中路担任主攻。

4月中旬，"141"小组完成了"爱斯基8号"作战方案。之前"141"小组曾先后拟定了7个方案，都被否决了。盟军总司令艾森豪威尔、副总司令亚历山大、海军司令坎宁安、空军司令特德看了"爱斯基8号"作战方案后，大加赞赏。

西西里岛地形崎岖不平，山地多而险恶，易守难攻。因此，盟军进攻时至少要夺取两个主要港口，以便给在纵深地区作战的部队提供物资补给。墨西拿是西西里的一个主要港口，由于它邻近意大利本土，成为西西里的战略要地。它位于这个奇形怪状的三角岛的顶端，海峡只有 3 公里，在这里必须把德军装进口袋，否则德军将会从这里撤走。然而，盟军不得不放弃这个港口，因为这里重兵把守，距意大利本土又太近，德意军可以迅速得到支援，而对盟军的战斗机来说，距离又太远。

根据这些情况，美英盟军只好选择另外两个港口：东面的锡拉库萨和西北角的巴勒莫。作战计划规定由蒙哥马利的第八集团军攻占锡拉库萨，由巴顿的第七集团军攻占巴勒莫。盟军选择这两个港口的理由是：锡拉库萨不仅有良好的港口设备而且自古以来就是战略要冲，古雅典大将埃尔西比亚德斯在伯罗奔尼撒战争中说过："如果锡拉库萨失陷，整个西西里就会失陷，接下来失陷的将会是意大利。"锡拉库萨虽然较小，但占领后可以迅速扩建，它具备各种扩建条件。巴勒莫港具备良好的港口设施，供船靠岸的海岸线很长，空军也能够很好地配合陆军行动，这里敌军防守较薄弱。从心理战来说，巴勒莫也是一个重要目标，因为它是古西西里王下榻的地方，又是西西里岛的首府。这两个港口占领后，盟军可以迅速扩大战果，东西掎角，夹击墨西拿。

"爱斯基 8 号"作战方案最终获得了艾森豪威尔、亚历山大、坎宁安、特德的一致同意和批准。然而，当"爱斯基 8 号"作战方案放到威名正盛的蒙哥马利将军面前时，他明确表示反对。蒙哥马利虽然只是一名陆军指挥官，但对于陆战决定战争胜负的二战战场来说，陆军将领的意见往往比其他军种的将领有更多的话语权。

蒙哥马利

　　蒙哥马利，1887 年 11 月 17 日生于伦敦肯宁敦区圣马克教区的一个牧师家庭。1901 年 14 岁时才正式上学，文化成绩低劣，但体育成绩非常好。1907 年奇迹般地考入了桑德赫斯特皇家军事学院。1908 年 12 月毕业后，加入驻印度的皇家沃里克郡团，当了一名少尉排长。

　　一战期间，蒙哥马利在法国、比利时战场服役，曾负重伤，差点送命。一战结束时，任师司令部中校一级参谋。1920 年 1 月，蒙哥马利跨进坎伯利参谋学院的大门，同年 12 月毕业后，参加了爱尔兰战争。1926 年 1 月，被调回参谋学院任教官。1934 年调任奎塔参谋学院主任教官。1937 年调任第九步兵旅旅长，因带兵有方，得到当时南部军区司令韦维尔的赏识。1938 年 10 月任驻巴勒斯坦第八师师长，参与镇压巴勒斯坦人的武装暴动，被晋升为少将。1939 年 8 月，调回国内接任有"钢铁师"之称的第三师师长。

　　二战爆发后，蒙哥马利指挥第三师随同英国远征军横跨英吉利海峡，进入法国。1940 年 5 月，德军闪击西欧时，他与法比联军并肩作战，后被迫随英国远征军从敦刻尔克撤回国内。蒙哥马利曾参加指挥敦刻尔克大撤退。1940 年先后任第五军、第十二军军长，12 月又升任英格兰东南军区司令，负责选拔、调整、培养各级指挥官，训练部队。1942 年 7 月，北非沙漠中的英军第八集团军被"沙漠之狐"隆美尔的德国"非洲军团"击败，退守埃及境内的阿拉曼地区。1942 年 8 月 4 日，丘吉尔任命蒙哥马利为第八集团军司令。蒙哥马利的到来改变了一切。蒙哥马利积聚力量，1942 年 10 月 23 日至 11 月 4 日在阿拉曼地区率部与德意军队激战，挫败"沙漠之狐"隆美尔，从而扭转了北非的战局。由此，他声誉大振，被人们称为捕获"沙漠之狐"的猎手。随后，第八集团军与盟军配合于 1943 年 5 月在突尼斯全歼北非残敌。阿拉曼战役后，蒙哥马利受封为爵士，并被晋升为陆军上将。1943 年 7 月，他率英军第八集团军在意大利西西里岛登陆。9 ～ 12 月，协同美军实施进军意大利南部的战役。1944 年 1 月，调任第二十一集团军群司令兼地面部队司令，参与诺曼底登陆战役的计划制订工作。1944 年 6 月，蒙哥马利协助艾森豪威尔指挥诺曼底登陆，9 月 1 日晋升为陆军元帅。此后，率领英国和加拿大部队转战法、比、荷、德。 1944 年 9 月，指挥制订计划并指挥市场花园行动作战，没有达到最终的目的。1945 年，他指挥第二十一集团军群横渡莱茵河进入德国本土，5 月代表盟军在吕讷堡荒原接受德军北方兵团的投降，任驻德英国占领军司令和盟国对德管制委员会英方代表。

1946 年，蒙哥马利成为嘉德勋爵士并封子爵，1946—1948 年任帝国总参谋长。1948—1951 年任西欧联盟常设防务机构主席，1951—1958 年任北大西洋公约组织军队副司令。1958 年，蒙哥马利结束了 50 年的军旅生涯而退休，成为英国历史上服役最久的将领。蒙哥马利退休后，曾来中国访问，受到毛泽东、周恩来的接见。1976 年 3 月 25 日，蒙哥马利在英格兰汉普郡奥尔顿逝世，终年 89 岁。

4 月 20 日，蒙哥马利率领英军第八集团军突破突尼斯的马雷特防线，英军第一集团军和美军第二军随后并肩向突尼斯城和比塞大进攻。德意军负隅顽抗，盟军屡攻不克，分别在战略要地朗格斯托普峰和 609 高地与德意军展开拉锯战。双方激战 10 天，死伤惨重。

与此同时，美军第二军军长布莱德雷突发奇想，把坦克开上难以通行的山路当大炮使用。德军猝不及防，阵脚大乱。第二军趁势控制了 609 高地。与此同时，英军第一集团军也占领了朗格斯托普峰。

◎ 狡猾的英国人

4月24日，蒙哥马利给盟军副总司令亚历山大发了一份很长的电报，阐述对"爱斯基8号"作战方案的不同意见："我认为伦敦制订的这个计划背离了实际作战的一切常识性规则，完全是理论性的，没有任何成功的希望，我认为应当重新制订。"电报的最后，他提出了3点建议：（1）所有的计划都有毛病，因为每一个人都想从自己制订的永远不可能获得成功的计划中获得好处；（2）制订第八集团军的计划；（3）第八集团军必须在锡拉库萨及其南部的帕基诺半岛之间登陆。他还补充说："我不能判断这种解决办法会对整个战役产生什么影响。"

蒙哥马利认为，西西里战役的关键问题是适当集中兵力，夺取包括卡塔尼亚、锡拉库萨和奥古斯塔等港口在内的西西里岛的东南角。同时，他也认为，若放弃夺取其他港口和机场，也是错误的。

4月29日，盟军副总司令亚历山大在阿尔及尔举行会议。蒙哥马利因卧病在床，让他的部下、第十军军长奥利弗·利斯代他前往。从会议上的审议情况看，蒙哥马利的解决办法产生了很大的影响。盟军空军司令特德拒绝了蒙哥马利的计划，理由是按这个计划很难夺取大量机场，并且很难保证获得空中支援。盟军地中海舰队司令坎宁安则认为，这个计划不能保护靠近海岸的船只免遭空袭。亚历山大认为，从陆军的立场来看，这个计划的基本点是正确的。这样，所有矛盾又推给了协调能力极强的总司令艾森豪威尔。

5月2日，艾森豪威尔主持召开最高级军事会议，将英美双方将领召集一起，听取蒙哥马利的高见。蒙哥马利把自己当成了盟军总司令，旁若无人地发表了一通演说。

我知道在不少人心中，我是一个不讨人喜欢的啰里啰唆的家伙，大家有一些这样的看法也没什么。我也曾想尽一切办法，不要这么令人心烦。然而，由于我在这次大战中曾亲眼目睹过太多的错误和太多的悲剧，所以才挺身而出，想方设法阻止这些错误和悲剧重演。我之所以不讨人喜欢，也正是因为如此。我们如果在西西里再经受一次悲剧性的打击，那么其后果将难以想象。

当下，我们在拟订西西里登陆作战计划方面，已经到了非常严峻的阶段。如果在最近几天内仍然拿不定注意，那么要想在7月份实施登陆作战将是个大问题。我身为此次登陆的集团军司令，今天打算利用这个机会，将我所考虑到的问题向在座的各位做一个简要的说明。我将这一问题归结为以下3点：

（1）西西里登陆作战应当完全依靠地面部队。

（2）地面部队一定要有海军的支援方能抵达指定地点。抵达指定地点后，仍然要靠海军的支援方能立足。

（3）上述两件事要想行得通，就一定要依靠空军的支援。空军做到有效支援的前提，必须迅速占领一些合适的机场，以使空军部队顺利向前推进。

另外，需要提醒各位的是，敌人的反抗将非常顽强，这次登陆行动将是一场异常艰苦的战斗，我们必须有充足的思想准备。至关重要的一点是，千万不要分散地面部队的实力，分散兵力必将招致惨败。地面部队一定要完整、紧凑，每个军、每个师一定要布置在能相互支援的距离内。

除了这些，我们还要考虑用什么方式将地面部队送到岸上去。如此，地面部队才能立足，作战行动才能顺利展开。选定的登陆地点必须位于战斗机的作战半径内，为此我们必须迅速攻占一处良港，还需迅速夺取一些合适的机场。在兵力和装备有限的情况下，如果我们能使这个桥头堡拥有一处优良的港湾和所需的机场，将是非常幸运的。随着作战行动的展开，可能还会多攻占一些。鉴于此，最重要的一点是在面对顽强抵抗的时候，在兵力有限的情况下，登陆初期必须做到以下3点：

（1）保持集中兵力。

（2）夺取一处适当的地区，作为将来作战的基地。

（3）初期作战必须确保获得从我们本身基地出动战斗机的密切支援。

我想我已经讲得很清楚了，将来桥头堡阵地的规模会受到兵力及装备的限制。为此，我们一定要弄清楚一个问题，即初期桥头堡阵地必须包括最需要的东西。

以上原则，适用西西里岛东南部的作战。

第八集团军最需要的登陆海岸位于锡拉库萨和帕基诺之间。这一带海岸具备我在前几节里所提到的一切条件，只是有一个条件还欠缺。这个条件具备与否，事关重大。在这一地区，既没有足够的机场，也无法拦截敌空军从附近机场起飞来阻击我们的海运及一般作战。显然，关系重大的机场位于柯米索－杰拉地区。空军的意思是，这些机场必须纳入初期桥头堡阵地范围。其实，这些机场的意义正如我在前面所说的，如果没有这些必要的东西的话，那么，此次登陆作战将是一团糟。

今天，我在这里一定要说得明明白白。我绝对不会分散兵力，兵力一旦分散，必败无疑。这样的话，西西里非但不是我们建功立业的地方，也不是同盟国的第一流馅儿饼，而是德国人欢迎的。大家都知道，此次作战的意义不仅仅在于攻占一些海滩，也不在于夺取一些机场和港口，而在于全部作战的空间，在于我们是在敌人境内发动的攻势，作战的最终目标是占领整座岛屿。

说到这里，各位可能会问，有没有变通的方案？

你们尽可以将整个桥头堡向北推移，把卡塔尼亚地区和那个地区内的机场包括在内。然而，这样做将超出我们战斗机的作战半径，显然这一方案是不成立的。

你们尽可以将整个桥头堡向西推移至杰拉湾地区。这样做虽然能得到我们迫切需要的机场，但是港口问题仍然没有得到解决，全部登陆兵力不可能在海滩上立足太久。

因此，问题的关键在于，我们要尽可能确保初期桥头堡阵地的规模。

这方面的相关因素如下：

（1）地面部队切忌分散兵力，并且一定占领一个港口。

（2）以现有的兵力而言，满足陆军条件的桥头堡不可能将空军认为势在必得的机场包括在内。

（3）据我所知，空军方面的意见是，立即阻止敌人使用这些飞机场，然后尽快夺取以供我用。若做不到这一点，空军将很难保证初期作战以后的空援。也就是说，登陆48小时后，空军将无力为地面部队提供必要的掩护。

这样看来，上述飞机场一定要拿下，可是我们根本没有达成此项目的足够的地面兵力。我们最少需要两个突击装载的师在杰拉湾登陆。

到此，可谓柳暗花明。如果想在西西里登陆成功，就必须以另外两个师的兵力于"D日"（7月25日）在杰拉地区登陆。如此一来，陆海空三军将万事俱备，西西里登陆战定会成功。如果没有这两个师的兵力，那么基于空军的作战观点，我们很可能一败涂地。

这么说吧，我觉得应将巴勒莫地区的美军调往杰拉湾方面，并要求其在杰拉湾的任何一方登陆。如果我们按照上述构想作战，那么此次登陆作战定会成功。

蒙哥马利表述得很清楚，他的作战方案是要美国人放弃在战役初期夺取巴勒莫的主张，改为在南部的杰拉一带海岸登陆。第八集团军则仍在蒙哥马利之前建议的地方登陆，他的理由是反对分散兵力，拒绝做出任何让步。虽然蒙哥马利的计划从大的方向没有错，但是在具体登陆地点的选择上，还是值得商榷的。

从当时的情况来看，盟军如果在位于西西里岛东北部的墨西拿登陆，将出敌意料，而且更重要的是，从那里登陆将直接切断德意军队与意大利大陆的交通。这样，德意军就只能向岛屿的西南部退缩，被迫投降，而不至于把他们从西西里岛赶回意大利，让他们在那里继续与盟军作战。事后证明，德国正是依靠从西西里岛撤退的 10 万军队抗击盟军对意大利本土的进攻，给盟军以后的进展制造了巨大困难。

其实，蒙哥马利之所以修改计划是有苦衷的。刚刚过去的突尼斯作战中，德军的顽强抵抗使蒙哥马利彻底领略了什么是强悍的战斗力。鉴于此，英国人更加谨小慎微，认为仅以第八集团军的兵力无法同时夺取锡拉库萨的港口和机场，所以他要求巴顿的第七集团军改在杰拉地区登陆，以掩护自己的侧翼，并希望从美军抽调至少 1 个师加强第八集团军。假如按照蒙哥马利的想法，那么进攻巴勒莫的战役就只能被推迟。

盟军参谋长联席会议经过反复讨论后，最初拒绝了蒙哥马利的建议。蒙哥马利的建议也确实站不住脚。从军事上来看，这样会置美军于非常困难的境地。美军登陆的滩头非常暴露，还有沙洲障碍，无疑大大增加了登陆的难度。美军只有一个小港，补给难度相当大。从作战分工来看，英军第八集团军将要攻占的是锡拉库萨、卡塔尼亚、墨西拿等大城市，而美军只能攻占杰拉、利卡塔等无名小镇。

蒙哥马利的方案遭到许多人的反对。盟军空军司令特德对亚历山大直截了当地说："这会使 13 个机场落入敌人之手，使我们无法以空中行动有效压制敌人，除非尽早控制这些机场为我方所用，否则，我反对全盘作战计划。"

盟军海军司令坎宁安指出："亚历山大和蒙哥马利的新计划等于把美国人送入狼口，由于没有港口作依托会使他们的作战行动受到危害。"尽管几乎所有人认为蒙哥马利提出的方案不太好，遗憾的是，到了最后几乎所有的人都同意了他的修改意见，包括艾森豪威尔、亚历山大和其他高级将领。

亚历山大在西西里登陆战后的报告中写道："风险没有公平分担，几乎都落在第七集团军头上。从其他方面也可以看出，美军任务重、获利小。我和我们的参谋都觉得，这种分摊任务的方法引起某些不满的情绪，也是可以理解的。"

对于蒙哥马利修改的作战方案，美军第七集团军司令巴顿感到非常气愤，他大骂艾森豪威尔是美国人民的"叛徒"。他对参谋人员说："这就是你们的总司令，不当美国人，要做盟国人。"他还说："在这场战争中与英国人一起同事非常糟糕。到目前为止，这场战争一直在为英帝国的利益而战，为战后的打算而战，人们根本不管是不是为了赢得战争而战。"

亚历山大很想知道巴顿的真实想法。在北非战场担任第十八集团军群总司令的亚历山大是巴顿的上司，巴顿十分尊重自己的首长。亚历山大也对巴顿很有好感："他是一个活泼的汉子，胯下左右各佩带一把柄上镶有珍珠的手枪。他不像许多美国人那样显得友好和温和，而是咄咄逼人，一提到'德国鬼子'，他就显得那样激动和感情冲动，有时怒不可遏，有时声泪俱下。"

这一次，亚历山大决定当面把计划变动的情况告诉巴顿，他小心翼翼地问："乔治，对于新计划，你能不能对我谈谈你的意见？"巴顿强压怒火，脚跟一并，敬了个军礼，只说了一句："将军，我只服从命令！"亚历山大听了巴顿的回答自然非常感动。

蒙哥马利虽然大获全胜，但要想百分之百满意，还有两件事必须解决。他指出："由于有关方面都能接受我的攻击计划，英美两军的地面作战应成为浑然一体的一种作战。双方在作战的时候，将依赖对方的直接支援。我们的后勤补给问题也可以因为美方的协助而获得解决。时间不等人，机会更不等人，所以统一指挥的问题必须马上得到解决。"

蒙哥马利将自己的意见呈报亚历山大后，马上获得同意。亚历山大也认为，整个的作战应该由一个集团军司令统一指挥，并将蒙哥马利的意见转给艾森豪威尔。艾森豪威尔没有同意，他认为巴顿已经受尽委屈，不可能再将自己的集团军交给另外一个集团军司令指挥，这样将激化美英两军之间的矛盾。因此，艾森豪威尔坚持按原计划分成两个独立的集团军，一个美军的和一个英军的，由亚历山大统一指挥。

蒙哥马利提到的第二件事更重要。西西里岛登陆作战的目的是开辟一个新的战场，大家将注意力集中在"何处登陆"这个问题上，对于登陆后"如何展开"却没有引起足够的重视。虽然大家希望迅速夺取这个岛屿，并阻止岛上的守军逃回意大利，但是仍然没有制订出一个统揽全局的具体计划。

为此，蒙哥马利提出了自己的构想：在西西里岛南岸登陆的两个集团军应于登陆后迅速向北推进，将整个岛屿一分为二。在面对西方的一面应取守势，两个集团军的主力应集中向墨西拿快速推进，以防止敌军横渡海峡北逃。海空军必须大力协同，防止敌军漏网。亚历山大同意蒙哥马利的构想，然而战场的实际情况并没有按照英国人的思路发展下去。

盟军司令部把战役企图定下来后，参谋人员开始加班加点制订具体作战计划，不仅要对最初方案进行修改，还要把具体兵力、后勤保障与时间、地点协同起来。登陆的具体时间最终确定为 7 月 10 日 2 时 45 分。因为这天是满月，空降兵可以借助月光着陆，又是大潮，有利于登陆艇抢滩上岸。至此，"爱斯基摩人"登陆作战计划总算以英国人的胜利而定了下来。

第二章

最出名的谍战

　　为了让德国人深信不疑，蒙太古精心准备了"马丁"少校的各种随身物品，还特意给"马丁"少校安排了一个未婚妻。在他的口袋里，装满了情意绵绵的情书，两张女友照片和一张购买订婚戒指的发票。

◎ 为登陆，"肉馅儿"计划出炉

　　为了保证西西里登陆成功，英国军情局伦敦监督处于 1943 年春受命制订一个进攻希腊和撒丁岛的假计划。后来，由于伦敦监督处需要全力投入诺曼底登陆的战略欺骗，于是将该计划交给了海军情报局 17F 科来操作，科长是蒙太古中校，并由英国军情局第五处，即大名鼎鼎的 M15 全力协助蒙太古费尽心思地策划如何将假情报送到德国人手中，最初的方案被一一否决，最后他的得力部属乔治中尉突发奇想，让一具装扮成参谋军官的尸体带着特制的高级文件，用潜艇将尸体抛入大海，利用潮汐冲上德国或亲德国的国家海滩。这样，德国人会以为他是溺水身亡，由尸体来告诉敌人，盟军下一步的进攻方向，自然便不会怀疑情报的真实性了。

　　就这样，一场"借尸戏"拉开了帷幕。

　　蒙太古对方案进行了可行性研究，觉得完全可以，于是立即制订了具体执行计划。该计划的实施要领如下：

（1）死者约 35 岁，身高 1.85 米，体重 187 磅，无外伤，肺部有少量积水，着陆战队少校野战军服，无帽，身穿橘黄色救生衣，因为黄色容易引起人们注意，以便打捞。

（2）计算好潮汐，用潜艇把尸体运到韦尔发港，然而抛弃尸体。

（3）把装有密件的文件袋系在尸体的内腰带上，造成飞机失事保护文件的假象。

（4）把尸体装入特别容器内，里面塞满冰块，重量 400 磅。容器外面用油漆漆上"光学机械"字样，并通知潜艇乘务员要试验新式武器。

（5）预先知道本计划的人仅限于直布罗陀军港的谍报处长和潜艇艇长。

（6）计划实施后，回电：计划实施完毕。

蒙太古的计划马上获得丘吉尔、艾森豪威尔和华盛顿的联合总参谋部及伦敦总参谋部的批准，并定名为"肉馅儿"计划。

接下来，蒙太古开始对所有相关细节进行精密安排。情报机构有两句经典名言："其一，引诱敌人去编造送上门去的假情报；其二，这一情节应该证实已在敌人头脑里出现的疑问，而关键的环节在于情报来源必须令人可信。"因此，蒙太古决定："假文件必须由军界高级领导人亲自签署。"

蒙太古说服英国参谋总部的副总参谋长奈尔，给他在北非指挥作战的同窗好友亚历山大将军写一封私人密信。信中写道："亲爱的亚历山大，我正遇良机，通过蒙巴顿将军的一名军官给您捎去信函，向您谈谈最近地中海行动及其掩蔽计划的内幕情况。"信中暗示，西西里岛正在为了某些重大意图而作为一个掩护目标，被故意泄露出去，而奈尔正忙着参与制订撒丁岛、科西嘉群岛和其他岛屿的行动计划。

蒙太古认为，如果德国人对此信以为真，那么当任何关于攻打西西里岛的消息传到他们耳边时，他们都会认为这只是盟军的诡计，而不予理睬。出乎蒙太古意料的是，尽管在战争时期，寻找一具合适的尸体并不容易，他在回忆录中这样写道："当时，我们周围经常布满尸体，却没有一具是我能用的。"

蒙太古派人向英国伯纳德·皮斯尔斯勃利爵士询问了一些有关溺水身亡尸体的病理特征方面的问题。在得到答复后，蒙太古又找到圣潘克拉斯医学院的职业验尸官波切斯爵士，请他提供一具无人认领的男青年尸体，这尸体必须是因飞机失事而死亡。波切斯爵士还真提供了一具年龄、身材均符合要求的尸体。死者 30 岁出头，刚刚死于肺炎，这种死亡使其肺部存在液体，会被人误认为是海水。蒙太古征得了死者亲属的同意，承诺对该尸体的真实姓名永远保密。

为了给德国人造成调查上的困难，蒙太古精心为死者挑选了一个大众化的名字"威廉·马丁"，并为他制作了贴有照片的身份证。为了拍摄这张照片，蒙太古费了很大劲儿，最后找到一位与"威廉·马丁"相貌极为相似的少校军官，把给他拍的照片贴到了"马丁"少校的身份证上。

这样，"马丁"少校的尸体就成了蒙太古的特别"贵客"，立即被送往冷库妥善保存。经过一番精心打扮后，这具尸体将开始一次漂洋过海的旅行。英军海军情报处负责将这具尸体丢在西班牙沿海，由当时虽然名为"中立国"但与纳粹德国的关系密切的西班牙转交给德国，这样就大大增加了其可信度。20 世纪 30 年代佛朗哥政府在德国的大力支援下，推翻西班牙共和国，夺取了政权。所以，西班牙背后与德国的一系列小动作，英美表面上假装不知，背后却一直希望能利用西班牙这种特殊的身份为自己服务。

英国海军对西班牙沿海经过严密的侦察后，最后锁定丰尔瓦港。这是因为丰尔瓦港是西班牙的军事要地，是飞往北非的必经之地，而且当地的潮汐情况非常适合登陆行动。英军选择在这样的地点登陆，会打消希特勒的疑虑。另外，这里的环境设施比较落后，德国情报机构得到这具尸体后，无论验尸还是科学调查都不太容易。于是，英国海军情报处请示海军总部后，确定这里为理想的抛尸地点，并派"天使号"潜艇前去执行抛尸任务。

◎ 设圈套，费尽心思

4月11日下午，"肉馅儿"计划行动小组举行讨论会。负责人蒙太古提出了当天需要解决的问题："德国人见到了尸体，首先会产生这样一个疑问：一个英国海军陆战队的军官为什么从伦敦到北非去旅行？我们如果不把这个问题解决好，德国人就会察觉到这是一个阴谋。"

大家围绕这个问题进行了热烈的讨论，认为必须赋予"马丁"少校一个可信的身份。最后，大家为"马丁"少校安排了一个非常普通的身份，英国海军作战司令部参谋、皇家海军上尉，奉命前往北非，到英国海军地中海舰队参谋部任职，为即将到来的登陆作战出谋划策。

这个时候，蒙巴顿勋爵帮了个大忙，他在给盟军地中海舰队司令坎宁安的信中说，"马丁"少校是应用登陆艇的专家，"他起初总是沉默腼腆，但他确实有两下子，在第厄普登陆中对事态的可能趋势比我们当中一些人预料的更为准确，而且对在苏格兰搞的新式大船和设备做试验时，他也一直表现很好。恳请一待攻击结束，就立即把他还给我。"

然后，蒙巴顿又稍微暗示了一下那个假目标撒丁岛，在信末写道："他可以带些沙丁鱼来……沙丁鱼在英国是配给的。"欧洲人都知道沙丁鱼正是撒丁岛的著名特产。还有一封英军总参谋部的实权人物皮尔德·奈尔副总参谋长给英国驻北非突尼斯的远征军司令亚历山大写的亲笔信。众所周知，这两位英军高级将领是多年的老朋友。信的内容，一定要涉及英军的一些高层机密。信中介绍了总参谋部是怎样做出关于地中海战役决策的，并提到决定在希腊登陆作战，部队及舰队已经准备好了，只待一声令下，即可开始行动。信中还说，威尔逊上将打算利用西西里岛作掩护对希腊实施登陆作战，并请亚历山大在西西里岛一带佯攻以迷惑敌人。

关于西西里是英军设置的登陆作战的虚假目标一事，在信中给人的印象必须是捎带着说的，在整封信中占的分量很轻。在此期间，为了迷惑敌人，命令威尔逊上将大举进攻希腊的多德卡尼斯岛。信的日期是 4 月 23 日，为了增加其真实性，还有一封蒙巴顿写给盟军总司令艾森豪威尔的信，请艾森豪威尔为著名军事理论家乔治·松德斯的新著《联合作战》题写序言。

这几封信经英军总参谋长布鲁克批准，并报英国首相丘吉尔，信件上签名盖章，密封好。

为了让德国人深信不疑，蒙太古精心准备了"马丁"少校的各种随身物品，还特意给"马丁"少校安排了一个未婚妻。在他的口袋里，装满了情意绵绵的情书，两张女友照片和一张购买订婚戒指的发票。"马丁"少校刚刚订婚，带着一张向邦德街的国际珠宝商菲普斯赊购订婚戒指的账单。情书被反复折叠，打开，看上去好像反复阅读过很多次。

另外，还有一张透支 7 英镑 19 先令 2 便士的透支单和一封从劳埃德银行搞来的措辞文雅的催款信、两张皇家大戏院的戏票票根、军官证件、联合作战司令部的通行证，以及钥匙、笔记本、香烟和钞票等杂物，上述物品包括尸体穿着的衣服等所有东西均经过严格检查，其内容都能证实其他信中所提及的细节。另外，还伪造了"马丁"的父亲和家庭律师的信件，而且每封信都证实了其他信中提到的细节。

　　这个时候，蒙太古发现"马丁"少校的尸体已经有一部分开始腐烂。这样所有信件和私人物品也存在一个时间与尸体的腐烂程度相吻合的问题。蒙太古认真设计了所有日期，包括信件、收支单和存根上的日期，以确保万无一失。考虑到尸体要在 4 月 19 日运出海，并应在 4 月 29 日到 30 日丢到丰尔瓦附近的海面。但是，由于"马丁"少校是从飞机上掉下去的，又因为如果想让德国人认为尸体已在海上漂流 4 至 5 天（为掩盖尸体腐烂的程度），收据单及存根都表明，他是在 4 月 24 日以后离开伦敦的。这样两张伦敦大戏院的戏票存根定在 4 月 22 日晚上，那时"马丁"少校还在伦敦大戏院同女朋友一起看戏，看完戏后，与女朋友依依不舍地登上飞机。

　　如此精心设计，才能在德国人心中呈现出一个鲜活的"马丁"少校的形象，既不失作为一个职业军人的优秀品质，又不失英格兰人特有的浪漫风情。一切准备就绪，蒙太古决定于 4 月 29 日或 30 日将尸体投入海中。这样当德国人发现时，会认为这具尸体在被潮水冲到岸边之前，已在海上漂浮了四五天。"肉馅儿"计划行动小组对"马丁"的包装进行了天衣无缝的设计，使德国情报部门难以发现破绽。每个微小的细节都是小小的骗局，而这些小小的骗局都在印证这整个大骗局的真实感。

为了确保"马丁"少校携带的文件受到西班牙当局的重视，蒙太古给他提供了一个带锁的公文箱，并用链子拴在了军用上衣的腰带上。这件上衣是标准的皇家海军陆战队服装，上衣内则是一件旧的战斗服和一件已经洗过的衬衣，洗衣店的标记被拆掉了，以防德国情报局过于仔细搜寻这位"少校"的动机。上衣外面穿着一件救生衣，看上去这个人落水时，还希望能被营救起来。这些细节被安排妥当后，又对"马丁"少校所用的物品进行了最后一次验证。

4月17日，在蒙太古亲自监督下，"马丁"少校的尸体被装入印有"光学仪器"标签的金属圆筒，然后在严密的警戒下运往苏格兰格里诺克军港，随即被装上了海军上尉朱奥指挥的"天使号"潜艇。蒙太古叮嘱艇长朱奥，在4月29日或30日将尸体投放到西班牙丰尔瓦附近海域，而且要严格保密，知情者必须限制在最低范围内。

4月19日下午6时，二战中最出名的战略欺骗、以假乱真的"肉馅儿"计划经过反复研究、精心准备终于开始实施。"天使号"潜艇从格里诺克港起航，向西班牙的丰尔瓦附近海域驶去。

4月30日凌晨4时30分，"天使号"潜艇冒险抵达西班牙的丰尔瓦附近海域。这时，这一片海域，烟波浩渺，巨浪滔天，"天使号"偷偷潜到距丰尔瓦港口15公里的海底。在确信没有被发现后，"天使号"悄悄浮出水面，朱奥下令把一个金属箱抬到甲板上。除朱奥外，没有人知道这个金属箱里到底装的是什么。朱奥告诉他的手下，这是一个先进的气象设施，上级要求他们放入海中进行气象观测。其实，这个金属箱里装的是英国皇家海军军官"马丁"少校的尸体及挎在他右手上的一个公文包。

"马丁"少校的救生衣打足了气，然后被轻轻地推进海里，同时，随艇牧师为这一"特殊的葬礼"进行了祈祷。4名年轻的军官脱帽俯首向"马丁"少校致以最后的敬礼，他们确信4月流行的西南风，肯定能将"马丁"少校送到西班牙海滩上。"天使号"潜艇无声无息地离开了，似乎一切从来没有发生。

　　30日下午，一位西班牙渔民发现了"马丁"少校的尸体，他打开用链子拴着的公文包，看到里面装满了印着绝密字样的文件，附近还发现一个被撞坏了的小橡皮艇。这位渔民感到此事非同寻常，便把尸体拴在小船后拖回了港口，并报告了驻守在当地的西班牙海军办事处。西班牙海军办事处派人到海边沙滩上查看尸体时，根据军服上的标记很容易就认出了这是一位落水而死的英国海军少校军官。远处，英国驻西班牙情报机关的首脑詹姆斯正在隐蔽地监视着这一切，并向英国情报机关及时做了报告："'马丁'少校已安然抵达目的地。"

　　然而，英国驻马德里海军武官对此却毫不知情，他一边迅速向英国发来电报，说他刚获悉一名英国军官的尸体被西班牙的渔民发现并带回岸上，一边积极了解情况，准备与西班牙政府进行交涉。英国海军情报处立即指派谍报人员唐戈海·斯贝尔火速赶往西班牙的丰尔瓦认尸，并煞有介事地要求西班牙人为其保密，未经允许任何人尤其是德国人不能接触这具尸体及其他物品。

　　与此同时，英国海军情报部又指示英国驻马德里大使馆海军武官艾伦·希尔加思中校与西班牙海军部交涉。希尔加思煞有介事地向西班牙海军部提出，不管什么代价，都要寻找"少校"随身携带的文件，或者寻找失事飞机的残骸以断定文件是否被焚毁或掉进了海里。希尔加思故意表现出难以掩饰的惊慌。

英国的这两个行动说明了事件的严重性，德国驻当地领事又是一名老奸巨猾的职业间谍，他经过一番细致研究，认为假如这名死者只是一个普通的英国游客和所带的文件是无关紧要的东西，英国海军绝不会如此坐立不安的。

英国驻西班牙大使塞缪尔·霍尔爵士并不知道"肉馅儿"计划，他按照正常程序向西班牙提出交涉，要求尽快归还尸体和重要信件。当英国驻丰尔瓦副领事向西班牙人索要"马丁"的公文包时，却被告知："由于司法上的原因，公文包暂时不能归还。"其实，就在西班牙方面通知英国人的同时，西班牙总参谋部巧妙地取出了文件并拍成照片，同时将照片交给了德国驻西班牙的情报机关负责人海尔，海尔立即组织人员对这些文件进行了拍照和复印。

◎ 鱼儿开始上钩

5 月 12 日，希特勒下达调兵命令，这个命令简直就是"肉馅儿"计划的文件概要："在即将结束突尼斯战斗前，可以预料，英美联军将试图继续在地中海迅速行动。可以认为，为此而进行的准备工作已经就绪。最危险的地区有下列各地：在西地中海，有撒丁岛、科西嘉岛和西西里岛；在东地中海，有伯罗奔尼撒和多德卡尼斯群岛。我要求所有与地中海防御有关的德国指挥机关迅速地密切合作，利用全部兵力和装备，在所余不多的时间内，尽可能加强特别危机的地区，对撒丁岛和伯罗奔尼撒采取的措施要先于一切。"

德军最高统帅部大本营迅速派出增援部队。一个党卫队装甲旅被调到撒丁岛，驻法的一个装甲师装了 160 列火车，用了 7 天从法国开到希腊。希特勒又亲自从苏德前线抽出 2 个装甲师，用了 320 列火车、9 天时间开到希腊。另外，他还派隆美尔到雅典，组建一个新的集团军群。

5 月 13 日，"马丁"少校的公文包及其他物品才被正式移交给英国。英国情报人员发现箱子里的东西已被人翻动过，尽管装有重要文件的信封是密封的，但是在显微镜下观察，信的皱痕已经与原来的状态不相符。显然，这些信已经被德国特工拍照，并送往柏林。蒙太古对此十分满意，"肉馅儿"计划的主体部分在英国情报机关的精心运作下顺利完成了。

柏林的情报机构接到驻西班牙谍报局的报告后，一面立即着手进行鉴定，一面指示其谍报局代表提供更加详尽的细节。驻西班牙德国谍报局接受命令后，加速了侦察工作。他们依靠高效率的谍报网，广泛搜罗情报，很快就向柏林报告说："英国伦敦海军陆战队确有一个临时上尉（代理少校）威廉·马丁。此人的身份、姓名与在西班牙发现的尸体情况完全一致，证明是同一个人。"

德国情报机构通过认真研究文件和照片的每个细节，最后得出结论："马丁少校的身份很重要，所携带信件绝对真实，有重大价值和高度准确性。"正如蒙太古所预料的那样，德国情报机关并没有轻易相信，而是通过德国的情报系统层层上报，最后放在了希特勒的办公桌上。希特勒命令必须对此事进行详细的调查。

德国情报人员也想进一步查证"马丁"少校的死因，他们认为有必要把尸体挖出来，让生理学家再详细检查一次。然而，德国人企图挖掘尸体的打算已经不可能得逞了，因为根据英国方面的要求，早在 5 月 2 日，西班牙当局就以军葬仪式安葬了"马丁"少校，英国副领事为马丁墓前设立的碑文内容作了报告，在墓前竖立了一块雪白的大理石墓碑。

"马丁"少校的未婚妻为葬礼送来了一个花圈，并附了一封悲痛欲绝的纪念信件。葬礼上的一切，德国情报机关的人员进行了全程严密监视。

与此同时，位于伦敦的英军海军部公证司伤亡处按常规把"马丁"少校的名字与阵亡的其他死者的名字一同公布于世。德国情报机关的王牌特工秘密潜入英国进行调查。他们首先对出售"马丁"穿着的内衣商店发出欠款性信函，在得到答复后确认了该商店的存在。另外，还对"马丁"所有的住处进行了仔细调查。德国特工通过监视来往信件，发现英国副领事寄往马丁少校家里的一些西班牙海军在"马丁"墓前鸣枪致敬的照片。然而，德国特工仍未放心，故意留下地址，试探英国情报机关是否前来逮捕自己，以证明"马丁"的真实身份。蒙太古识破了他的这一伎俩，严令部下不得打草惊蛇，让他安全离境。这样，终于使德国特工相信"马丁"少校确有其人，他们得到的情报是千真万确的。

　　至此，德国西线情报处处长冯·罗恩纳对文件的真实性确信无疑，他们几乎是按照奈尔将军给亚历山大信中所写的假情报来看待盟军下一步的行动。尽管有人会担心，盟军在丢失这些文件后，会更改计划。然而，罗恩纳和绝大多数人都坚定地认为，更改作战计划并非易事，涉及兵力部署的调动，基地后勤设施的建设等内容，并非一日之功。也就是说如果更改作战计划，作战行动将不得不大大地向后推迟，那将带来更多的问题。因此，罗恩纳确信盟军下半年的登陆行动的主攻方向一定在撒丁岛和伯罗奔尼撒群岛，即使对西西里岛采取行动，作战规模也不会太大，仅仅佯攻罢了。

　　为了使德国进一步确信情报的真实性，"肉馅儿"计划仍在继续。就在德国人对这一情报将信将疑时，又一具尸体冲上了意大利撒丁岛的主要城市卡利阿里的海滩。死者身穿皇家海军陆战队制服，从尸体身上发现的文件表明，它属于一支正在侦察撒丁岛海岸的小分队。原来这具尸体是蒙太古为了印证"马丁"少校信函中所发出的各种信息的真实性，而精心安排的另一盘"肉馅儿"。

果然如此，德军西线情报处处长罗恩纳认为，这名侦察兵的出现，可以证明从"马丁"少校处得到的情报是准确的，即盟军企图以对西西里岛发动佯攻以吸引德军的注意力，其真正的登陆目标是撒丁岛。不久，正在华盛顿的英国首相丘吉尔接到了海军情报局的专线报告："他们已经把肉馅儿整个吞了下去。"

◎ "马丁" 到底是谁

"马丁"少校不仅在当时骗过了德国人，许多年后，还有不少英国人被蒙在鼓里。二战结束后的一天，一位负责清理缴获的德国海军档案的英国官员发现二战期间，有一位高职位的将军曾经通过非常途径，发出一些具有高度机密的私人信件，而这些信件都落入德国人手中，他立即惊慌失措地向皇家海军情报处报告了此事。其实这些信件，就是"马丁"少校身上所携带的那些文件。在德国人的档案卷宗里，放着这些信件的全套复印照片以及德文译文和情报机构的报告，其中有一个卷宗是专供德国海军总司令邓尼茨批阅的，希特勒无疑也看到了这些文件。邓尼茨在日记中写道："元首相信德军最近获悉的要求密令，证实了盟军的主要进攻目标将是撒丁岛和伯罗奔尼撒群岛。"

如今，在西班牙的加的斯湾的一座公共墓地中，一块简朴洁白的大理石墓碑，矗立在苍松翠柏之间，石碑上用英文镌刻着"威廉·马丁之墓"几个大字，表明安然于此的死者是一位病逝的英国公民。然而，很少有人知道，就在这块普通的墓碑下面埋藏着二战中一次惊心动魄的情报欺骗活动。这次活动调动了纳粹德国数支精锐部队，同时也挽救了成千上万英国人和美国人的宝贵生命。

如今，"肉馅儿"行动的档案已经公开，它早已不再是个秘密，但是仍有一个问题困扰着英国的历史学家：那个被称作"马丁"的尸体到底是谁，他的真实身份是什么？1997年，伦敦公共档案办公室称，"肉馅儿"行动中所用的那具尸体是格林德瓦·迈克。他是一个威尔士的无业游民，1943年患肺炎后服鼠药自杀。然而，有历史学家对此提出质疑，如果"肉馅儿"行动中使用的是一具服过毒的尸体，那么就很容易被西班牙情报人员发现。

英国历史学家科林·吉本经过14年的调查后称，当年那具改变二战进程的尸体真的属于一个叫马丁的人。吉本认为，尸体来自24岁的英国水兵汤姆·马丁。1943年3月，英国皇家海军的航空母舰"冲击者号"在苏格兰海岸发生爆炸，舰上379名水兵丧生，汤姆·马丁就是其中之一。吉本从蒙太古的回忆录中发现，在"马丁"少校的葬礼上，人们曾看到一个钱包，里面装着一个姑娘的照片、一个耶稣受难十字架和一枚圣克里斯托弗奖章。几经寻访，吉本终于找到了汤姆·马丁的妹妹，吉本没有给她任何提示，她在忆起自己的兄长时也说："我的哥哥钱包里总爱放一个耶稣受难十字架和一枚圣克里斯托弗奖章。"但是，仅仅凭这些还不能确认他就是"马丁"少校。直到今天，"马丁"少校的真实身份仍然是一个谜。

"马丁"少校生前并没有结婚，死后却有了一个年轻貌美的未婚妻。尽管两人从未见过一面，但这丝毫不影响他们之间缠绵的"爱情"。这个"未婚妻"原来是英国海军情报部门专门给"马丁"物色的22岁的维多利亚小姐，这是保证"肉陷儿"计划圆满成功的非常重要的环节。

维多利亚，1921年出生于英国的一个上流社会家庭。16岁时，她已出落成一位楚楚动人的美女，自小成绩优异的她考入巴黎文理学院深造，主修建筑专业。在大学读书时，就是有名的校花，自然也是男同学仰慕的对象，但她并没有和他们进行深入交往。1939年9月，德国闪击波兰，欧洲烽烟四起。面对残酷战争，家境优越的维多利亚本可以回国继续过她的上流社会生活，但善良正义的她决心投身到战争中去。她选择了到军队做一名护士，照料那些从前线下来的伤员。

维多利亚在做了3个月护士后，正赶上英国海军情报处招募一名年轻的女性情报员。年轻貌美的护士维多利亚被选中，她也觉得做情报员比当护士更能发挥自己的作用。从此，维多利亚的生活彻底改变，进入了一个完全陌生的环境。经过短期培训后，她被留在英国海军情报处，和小说《007》的作者伊恩·弗莱明一起工作。弗莱明是英国海军情报处处长的首席助理，维多利亚主要协助他工作。维多利亚的主要任务是保证谍报计划的顺利实施，对假情报的背景进行充分铺垫，在细节方面不要出现任何纰漏。

在海军情报处，维多利亚充分地展示了她的间谍天分，出色完成了上级交给她的一系列任务，屡获嘉奖。二战后，维多利亚对自己以往的经历保持缄默，直到半个多世纪后，英国政府才知道真相。1991年，英国女王伊丽莎白二世在白金汉宫举行仪式，授予维多利亚英帝国女勋爵称号，以表彰这位王牌间谍在二战中的杰出表现。

维多利亚的优异表现很快引起了蒙太古的注意，最后决定让她做"马丁"少校的"未婚妻"。作为情报人员，维多利亚深深懂得扮演"马丁"少校的"未婚妻"并不像表面上那么简单,必须恰到好处,既要与一名普通军官的女朋友身份相称,又要与整个计划的环节连接得天衣无缝。在与蒙太古的共同筹划中,维多利亚假扮"马丁"少校的女朋友,只给他写许许多多情意绵绵的情书,其中不涉及任何军事问题,只有对"未婚夫"的挚爱与思念之情。每封情书中每个字都经过蒙太古和维多利亚多次推敲,以免露出蛛丝马迹。在邮局,她急切地与工作人员争吵着索要"马丁"少校的信件,并故意叫嚷着要给自己的情人发电报。当然,维多利亚的一举一动都处在德国间谍的密切监视中。

在西班牙海滨小镇韦瓦尔举行的"马丁"少校葬礼上,远在伦敦的"未婚妻"维多利亚因"悲痛至极"无法参加葬礼,专门请人送来花圈献在"马丁"的大理石墓前。维多利亚出色的表演骗了了德国间谍,经过一段时间的严密监视,他们没有发现任何破绽,很快就向国内作了汇报。希特勒最终相信了"马丁"少校的英国海军军官身份,并相信了情报的真实性。

"肉馅儿"计划从细节准备到严密的实施显得十分精细而富于逻辑,充分体现出伦敦监督处"机智、狡猾和精致"这句格言的精髓。在盟军环环相扣的诱骗下,德军情报机构终于上当。德军西线情报处处长罗恩纳根据这一切向德军最高统帅部大本营报告,盟军即将发动对西西里岛的登陆,但这只是为进攻希腊和撒丁岛所进行的一次佯攻。希特勒收到情报后,毫不怀疑地吞下了盟军巧设的"诱饵",因为蒙巴顿和蒙哥马利两个人是货真价实的,看来盟军真的要从撒丁岛和南希腊登陆了。

◎ 希特勒中招太深

早在北非战役失败后，地中海方向防御问题就成了希特勒不得不考虑的问题。从西班牙到巴尔干半岛随处可以成为盟军的登陆地点。不过，希特勒认为盟军很可能在撒丁岛和巴尔干登陆。撒丁岛在第勒尼安海以西，北隔博尼法乔海峡与科西嘉岛相望，东距亚平宁半岛 200 公里，是地中海中仅次于西西里岛的第二大岛。希特勒觉得盟军如果占领该岛，既可进攻意大利，也可以进攻法国。英国的参谋长们曾建议攻占撒丁岛，认为撒丁岛防守较差，大约能用两个月的时间夺取下来，而且所需的兵力也较少，还可以作为轰炸意大利北部工业城市和向意大利沿岸进行袭击性登陆的良好基地，但因海湾面积较小，不适宜发动大规模的现代化两栖作战被否决了。

巴尔干向来是希特勒重点关注的地区，他不担心西线的第二战场，担心的是巴尔干。他在信中写道："我……以最严重的关切注视着时局。这是进入欧洲心脏的传统入侵路线……敌人在地方民族主义者和共产党暴动的支持下，在该地区登陆，会导致……最可怕的局面，就是暴露东线德军的南翼，最后形成巨大的转机——英、美、苏三国对德国本土发动联合进攻。"

5月14日，希特勒会见了墨索里尼，向他透露了"马丁"密件的内容，且扬扬自得地说："我想这的确是真的！在我们举棋不定时，这个情报太重要了。"

墨索里尼说："我总有一种预感，觉得西西里岛仍然是英美盟军进攻的主要目标。"希特勒加重语气："直觉并没有情报重要，我们得到了可靠的情报。"

5月15日，希特勒召开最高统帅部作战会议。在会上，他命令："所有与地中海防御有关的德军指挥部迅速密切协同，集中全部兵力，在6月30日前完成对撒丁岛和伯罗奔尼撒的集结和部署。"

5月20日，希特勒召开了一个仅有总参谋长凯特尔、陆军元帅隆美尔和负责处理外交事务的纽赖特三人参加的小型会议。会上，纽赖特向希特勒详细介绍了西西里岛的情况。

5月23日，希特勒将一张巴尔干地图摊在腊斯堡的元首大本营的地图桌上，戴上老花眼镜，说："一个人就得像张开了网的蜘蛛一样警觉。感谢上帝，我对各种事物的嗅觉一向不错，所以我总能在事情发生之前就闻出味儿来。"

接着，希特勒又说："我们占有巴尔干，铜、铁、矾土、铬，这实在是至关重要，而最重要的是确保……在那里不要发生我称为完全崩溃的那种事情。"希特勒指着连接黑海和地中海隔开亚欧大陆的狭窄水道金角湾说："决定性的事件将在这里发生，如果形势更加恶化，最高统帅部就必须从东线战场抽出更多师，防止盟军在这一地区登陆成功。"

希特勒非但没有增强西西里岛的防御力量，甚至还予以削弱。有些部队被调到科西嘉岛，加紧修筑科西嘉岛的工事。一些海岸炮连设置在希腊海岸，甚至把正在西西里南岸附近布雷的德国摩托扫雷艇也转移到了希腊。随之一起转移的还有当时在西西里海区的摩托鱼雷艇。

5月21日，德国最高统帅部指令南线总司令凯塞林：“对撒丁岛和伯罗奔尼撒半岛采取的措施应优先于其他任何地区。”尤为可笑的是，直到7月9日，盟军已在西西里岛大规模登陆并向纵深发展、德意军队节节败退之时，希特勒还惦记着撒丁岛。德国海军部通知在意大利的冯·鲁格将军：“撒丁岛和科西嘉岛是敌方首要进攻的目标……在希腊也很可能登陆。”当凯塞林看到败局已定，要求撤退时，一向要求德军殊死顽抗的希特勒竟然异常痛快地同意了，其原因就在于，他计划以这些从西西里岛撤出的部队增援盟军可能在撒丁岛实施的“真正的登陆”。所有这些行动，尤其是中止在西西里海区布雷，对同盟国军队顺利实施西西里岛登陆战役非常有利。

意大利海军总部对局势进行了深入研究，在研究报告中宣称：“在占领突尼斯后，英美联军的最直接而又超于一切的步骤，将是完成其对于地中海的控制，而就当前的情况说来，要控制地中海就只有控制西西里海峡。”于是，得出结论：“盟军下一个目标一定是夺取西西里岛。”

意大利海军总部认为，由于采取这一步骤，敌人将于达到许多目的中做到最后把意大利的有作用的海军基地推到北面去，实际上掌握了对整个意大利的制空权，把撒丁岛孤立起来，而且对于意大利的本国前线的士气给予无可估计的影响。意大利的陆军和空军认为敌人将进攻撒丁岛。直到盟军发动攻势前，德军南线总司令凯塞林清醒地意识到盟军极有可能进攻西西里岛，于是将德军“戈林”装甲师和第十五装甲步兵师迅速派往西西里岛，以增强该岛的防御力量。

"肉馅儿"计划虽然以"马丁"少校为主，但没有放弃其他行动的积极配合，以达到最佳效果。盟军从 5 月起就开始在预定登陆区域进行航空火力准备。美军航空兵部队负责在长达两个月的战略轰炸中，对意大利本土、西西里岛、撒丁岛和希腊的机场、港口、交通枢纽、部队集结地和雷达站进行了广泛而又猛烈的空袭。盟军有意识地把轰炸重点放在了希腊及撒丁岛一线，由美军航空兵部执行"地毯式"轰炸。相反，对西西里岛的轰炸不是很多，主要由皇家航空兵负责，重点轰炸墨西拿和巴勒莫。这就让德军更加坚定了盟军在撒丁岛登陆的信心。

为进一步迷惑德意军队，美英海军舰艇在希腊西海岸和地中海西部实施佯攻，发出虚假的无线电信号，发射火箭和其他烟火信号，有意造成将在此处实施大规模登陆的假象。在登陆行动发起前，盟军还一反常规地没有对预定登陆海滩进行炮火准备和航空火力准备，从而更好地隐蔽了其真实意图。

当盟军在 6 月攻占了班泰雷利亚岛后，对西西里岛进攻的企图已经非常明显，然而，希特勒仍然固执地认为，盟军的下一个目标是伯罗奔尼撒半岛和撒丁岛。到了 7 月 9 日，即盟军登陆西西里岛的前夕，凯特尔还在告知德国南方集团军群和东南集团军群司令官："预定入侵撒丁岛和西西里岛的部分英美军队已调往地中海东部的几个地域，准备在希腊实施登陆。"

至此，"肉馅儿"计划获得圆满成功，成为二战谍报战的优秀范例，成为英国谍战史上不朽的传奇。

第三章

夺岛前的血战

短短几天里，盟军向班泰雷利亚岛进行了 5285 次攻击，倾泻了 6200 吨炮弹和炸弹，对该岛进行了毁灭性的打击，对轰炸机轰炸效果不明显的目标进行补充打击。炸弹如雨，滚滚硝烟笼罩两日后才散去。

◎ 夺岛，排除一切障碍

英国人尽管在西西里岛登陆作战任务的分派中战胜了美国人，但是他们仍然觉得不踏实。当北非战事即将结束时，英国首相丘吉尔于 5 月 11 日匆忙赶赴华盛顿，会晤美国总统罗斯福。

5 月 12 日，罗斯福和丘吉尔在华盛顿共同主持了盟军参谋长联席会议。会议的目的是根据地中海战区、东线苏联战区和太平洋战区的大好局势，确立盟国的下一步战略。会议最终决定了攻打西欧的行动，即"霸王"计划（即登陆诺曼底）定于 1944 年 5 月 1 日实施；在意大利西西里登陆的时间定于 1943 年 7 月 10 日。登陆成功后，盟军将发动新一轮攻势，击垮意大利，迫使意大利退出轴心国。美国提出了一个条件，即西西里登陆作战只能调动地中海的盟国部队，并要从中抽调 7 个师撤回英国，以便在日后的"霸王"计划行动中使用。

英国向美国保证，一定参加 1944 年 5 月 1 日实施的"霸王"计划行动。

丘吉尔敦促罗斯福说服其三军参谋长"正确地认识进攻意大利的问题"。美国军方在其总统的干预下，勉强同意进攻西西里岛。两人会晤后，双方通过了一项决议，将"盟军进军西欧的时间推迟到1944年春天"，决定于1944年5月以后在法国实施大规模登陆，开辟斯大林所说的"第二战场"。

丘吉尔和罗斯福通过的决议自然告知同盟国的另一巨头斯大林及苏联政府。斯大林很快给罗斯福发去一封电报："你们的这个决议给竭尽全力同德军及其轴心国进行了两年战争的苏联造成了极大的困难。这让德军能够同过去一样把自己的主力保持在东线，并不断补充兵力。"与此同时，斯大林也给丘吉尔发了一封电报，抗议他又一次破坏盟国义务的行为："不应忘记，它涉及保护苏联沦陷区内千百万人的生命和减少苏军的巨大牺牲的问题，同苏联红军相比，英美盟军的牺牲只是区区小数。"

斯大林显然不能容忍英美盟军在反对共同敌人的战争中，无视苏联的利益，于是临时召回了驻伦敦和华盛顿的大使。英美两国将斯大林的这一举动看作是对两国领导人政策的抗议。

丘吉尔不顾斯大林的抗议，依旧坚持在西西里岛登陆的既定计划。登陆作战时间定于7月份，这样准备工作就显得非常紧迫了。为了登陆西西里岛，英美盟军组建了第十五集团军群，总司令由盟军副总司令亚历山大兼任，辖英军第八集团军和美军第七集团军，兵力达47万人。

亚历山大，全名哈罗德·亚历山大，英国陆军元帅，1891年12月10日生于爱尔兰一个贵族家庭。1911年，毕业于桑赫斯特皇家军事学院，毕业后调到爱尔兰近卫军服役。1926年，亚历山大被派往坎伯利参谋学院进修，第二年毕业后，调到陆军部和北方军区服役。1939年，亚历山大出任第一步兵师师长，军衔为少将。在英国远征军组成后，亚历山大率领第一步兵师赴法国参战。

哈罗德·亚历山大

　　1940年5月，英法联军敦刻尔克大撤退期间，亚历山大升任第一军军长，冷静地组织英军撤回英国。12月，任英国南方军区司令，军衔为中将。1942年3月，日军入侵缅甸。亚历山大奉命指挥缅甸军抵抗日军。因为盟军一盘散沙和缺乏空中支援，最后亚历山大率残部逃到印度。7月，亚历山大升任英军第一集团军司令，准备参加盟军登陆北非的"火炬"行动。1942年8月15日，亚历山大奉命赴埃及首都开罗，接替奥金莱克担任中东英军总司令，同时被晋升上将。在亚历山大的支持下，蒙哥马利继续实施奥金莱克阵地战计划，坚持等到大量消耗德军后发动反攻。

后来，蒙哥马利制订了"捷足"计划。在英军反攻准备就绪以后，亚历山大下令发动阿拉曼战役，即"捷足"计划。11月7日，英军取得阿拉曼战役的胜利。

1943年1月，亚历山大升任北非战区盟军最高副司令兼任盟军第十八集团军群司令。第十八集团军群辖英军第一集团军、美军第二军和英军第八集团军。3月17日，盟军开始围攻突尼斯的德意军队。德意军队投降后，亚历山大改任第十五集团军群司令，兼任地中海战区盟军最高副司令。第十五集团军群下辖美军第七集团军和英军第八集团军，任务是进攻西西里岛。

西西里战役结束后，亚历山大计划于1944年1月20日派第五集团军攻打古斯塔夫防线：美军第二军渡过拉皮多河，牵制德军兵力，再占领利里河谷；美军第六军在古斯塔夫防线后面的安齐奥登陆时，第五集团军其他部队趁机突破德军防线。1月2日，美军第六军在安齐奥登陆，德军开始对安齐奥发动大规模反攻。结果，该计划失败，第五集团军无法突破古斯塔夫防线。2月18日和29日，德军两次发动大规模反攻，都因美军火力过猛而失败。从此，美军长期发动空袭和炮战。亚历山大被迫调整盟军兵力：从第五集团军中撤回英军第十军，把第八集团军调到卡西诺地区，担负主攻利里河谷的任务。亚历山大的新计划是：第八集团军从6号公路突破德军防线，再进攻罗马；美军第六军从安齐奥滩头阵地进攻，在瓦尔蒙托内切断6号公路。亚历山大准备凭借优势兵力包围德军第十集团军。

1944年5月10日，盟军发动了大规模进攻。受挫后，法国元帅朱安请战，率领法军突破古斯塔夫防线，美军趁机向安齐奥和阿尔班山地推进。5月15日，第八集团军进攻利里河谷。美军继续向瓦尔蒙托内进攻，同时以主力进攻罗马。结果，亚历山大围歼德军的计划失败。5月26日，在安齐奥的盟军也向北进攻。6月4日，美军占领罗马，原来德军早已撤走。12月，亚历山大升任地中海战区盟军总司令，并被晋升为元帅。此时的盟军在兵力、装备上占有绝对优势，并掌握了制空权和制海权。亚历山大计划在雷诺河下游与波河之间围歼德军。

1945年4月9日，经过大规模空袭和炮火准备后，第八集团军发起攻势。4月18日，第八集团军越过阿尔詹塔峡谷。第五集团军于4月19日到达波伦亚近郊。4月29日，德军被迫签署无条件投降协议，亚历山大代表盟国接受了德军投降。1946—1952年，亚历山大任英国驻加拿大总督。1952—1954年，任国防大臣。1954年退役。1969年6月16日逝世。

5月12日至13日，英国"奥赖恩号"巡洋舰炮击了西西里岛西南110公里处的班泰雷利亚岛上的德意联军阵地。

5月13日，德意"非洲军团"司令阿尼姆向英军第八集团军投降，25万人成为俘虏。在突尼斯被俘的德意联军超过了斯大林格勒战役的数量。盟军经过近3年的浴血奋战，终于消灭了北非所有的德意军队，使德意军在欧洲南部完全暴露在盟军的枪口下。德意两国在北非和苏联元气大伤，不得不紧急招兵买马，以抵抗越来越强大的盟军部队。与此同时，盟军也在厉兵秣马，准备杀向下一个目标西西里。

同一天，北非的英美盟军航空兵对意大利本土、西西里岛、撒丁岛和希腊的机场、港口、交通枢纽、部队集结地和雷达站进行了大范围的猛烈的空袭，企图全力消灭、压制德意航空兵，阻止其部队的机动。德意联军在该地区原有作战飞机1400余架，其中德军飞机800余架，分散配置在西西里岛、撒丁岛、科西嘉岛和意人利本土。

在盟军的狂轰滥炸下，意大利空军司令福吉尔上将和德军第二航空队司令冯·里希特霍芬中将于6月22日决定将大部分飞机撤往欧洲大陆，只在西西里岛和撒丁岛留下了少量的战斗机和轰炸机。

5月15日，艾森豪威尔电告美国陆军参谋长马歇尔，把第二军调给巴顿的第七集团军，把第六军调给摩洛哥的克拉克第五集团军。艾森豪威尔不乏溢美之词："布莱德雷干得如此出色，我实在不能拿一个毫无实践经验的军长和参谋部去碰运气。"

马歇尔对布莱德雷很是赏识，于是便同意了艾森豪威尔的决定。

5月18日，英美盟军航空兵开始对班泰雷利亚岛进行空中突击，每日出动100架飞机对班泰雷利亚进行2次空袭，同时还发动了海上封锁。白天飞机巡逻，夜间飞机和水面部队巡逻。由于该岛的小港不能容纳大型舰艇，因此急需的补给就只能落在登陆艇、小货船和3艘潜艇身上。这些小舰船想方设法安全通过盟军海上封锁线。空袭一直持续到28日，岛上的防御工事、交通和通信设施全部被炸毁。炮台、防御工事和交通系统一个一个被炸掉了。对主要住宅区的破坏是非常严重的，因为老百姓没有房子，没有公用事业的供应，而且实际上也没有粮食了，便围到防御工事的周围来。空袭把现存的几条道路炸毁了，各个据点之间失去联系。白天不能修路，因为盟军战斗机会扫射任何看得见的目标，只能在夜间施工。

◎ 灵魂人物

　　5 月 29 日，盟军总司令艾森豪威尔在阿尔及尔主持召开军事联席会议。参加会议的有英国首相丘吉尔、美国陆军参谋长马歇尔、盟军副总司令亚历山大等。会议详细总结了盟军在 1943 年上半年同轴心国的作战情况，并对欧洲战场的态势进行了客观评估，进而提出盟军 1943 年下半年欧洲战场上的主要作战计划及行动纲领。

　　丘吉尔一再强调开辟欧洲战场的重要性，说可以大大减轻德国对英国的威胁，同时减轻苏联在正面战场上的压力，还能有效削弱轴心国的战争实力，可谓一举三得。丘吉尔念念不忘推销他的地中海战略，不过这次不再那么露骨，而是把西西里岛登陆作战与横渡英吉利海峡开辟第二战场巧妙地结合起来。他说，如果西西里岛登陆顺利，即刻向意大利本土进攻。一旦意大利退出战争，德国必然要抽出大量兵力来代替巴尔干的 26 个意大利师。德军的兵力越分散对横渡英吉利海峡、开辟第二战场就越有利。

由于丘吉尔说的是战役后的事，所以与会人员的兴趣并不高。众人无精打采地听完这位帝国首相的雄辩后，除了表示欣赏之外，没有决定任何事情。

"141"小组向会议报告了"爱斯基摩人"登陆作战的计划细节。该计划共分三个阶段，每个阶段又细分为几个分阶段。

第一阶段：迷惑敌人阶段，采用"肉馅儿"计划蒙蔽敌人，让德国和意大利错判盟军的登陆地点。"肉馅儿"计划早在4月就开始执行了。

第二阶段：夺取进攻西西里岛的前进基地阶段，实行代号"瓶塞钻"的攻击行动计划，该计划的目的是夺取位于西西里岛和北非之间突尼斯海峡边上的班泰雷利亚岛，夺取该岛上的机场，并把机场改建成适合盟军战机升降的机场，进而夺取制空权及制海权。如此一来，空军就可以加强对西西里岛和意大利本土的轰炸，为盟军大部队登陆西西里岛创造有利的条件。

第三阶段：实施登陆作战阶段。由亚历山大指挥盟军第十五集团军群登陆西西里岛，占领岛上的主要城市，以攻占东北角的墨西拿、控制墨西拿海峡为最终目的。

从登陆计划的三个阶段看，在登陆战役的方针和原则部分显然缺乏明确性，这并不是因为盟军最高统帅部的指挥出现了失误，而是英美双方一直以来对登陆战役存在的严重分歧所致。美国方面希望搞一次简单的象征性的登陆行动，而把更大的兵力用在西欧，进行规模更大的登陆战役，与德国的精锐部队在欧洲大陆决一雌雄，快刀斩乱麻解决问题；英国方面则希望继续推行"巴尔干战略"，希望扩大西西里岛作战行动至意大利本土，从地中海地区向北进攻，占领中欧，彻底打败德国和意大利。

英美双方在西西里岛战役究竟是一场决定性战略行动，还是一场象征性战役行动问题上摇摆不定。联席会议最后给艾森豪威尔下达的指示含糊其词："利用'爱斯基摩人'行动的战果，计划一次足以使意大利退出战争并牵制大量德军部队的战役。"

如此一来，艾森豪威尔自然处于左右为难的境地。从这些争论中产生的进攻西西里岛的作战方针，就成了一种政治上的妥协，而政治上的妥协对一个军人来说只能提供短期目标，很少能提供长期目标。因此，艾森豪威尔很难给手下指挥官规定一个明确的指导方针。整个西西里岛作战，作为统帅的艾森豪威尔只是一个把一群才华横溢而又桀骜不驯的高级将领捏合成一个整体的灵魂人物，对于具体的作战指导并不多问。

盟军空袭班泰雷利亚的第二阶段开始了，每日轰炸增加到六七次。6月2日又提升到10到12次，6月7日再次提升到15到20次。空袭一直持续至9日。盟军在岛上投掷照明弹彻夜进行空袭。

夜间空袭使修路工程不能进行，于是许多据点被孤立起来，弹药、口粮甚至淡水得不到补充。唯一的水源就是散建在沿岛各处的少数贮水柜。意大利海军成功地从特腊帕尼港派出一艘淡水船"阿尔诺号"到达该岛，同时空军也用飞机装载少量的水于夜间运抵百孔千疮的岛上机场。海军还派出"阿尔诺号"装运了一套海水淡化设备，该船竟创造奇迹般地突破层层的封锁，最终完成了任务。在盟军的狂轰滥炸下，意军坚持了三天三夜，由于在已经毁废的港内无法把机器卸下来，结果只好又由"阿尔诺号"把机件带回西西里去。

岛上居民只有一个躲避空袭的地方，那便是炮台的地下弹药库及地下军事设施。挤在这些有限空间里，既缺食又缺水的难民生活之惨难以想象。难民中绝大部分是妇女和儿童，他们被空袭和饥渴吓得手足无措，这无疑又影响到军队的士气。到了 5 月末，所有德军（大约 7000 人）撤离该岛，这就更加令人士气低落，而最重要的是意德空军已经绝迹于岛的上空。留在岛上的人们认为自己被遗弃了。其实，德意军的飞机正设法给岛上提供支援，但总是遭遇盟军的截击，许多飞机还没有望见岛的影子就被击落了。盟军的海上封锁遭到意德大小鱼雷快艇的对抗，尽管有过多次巡逻却不曾和敌人有过接触。

5 月 31 日，英国"攻城雷号"和"特鲁布里奇号"驱逐舰对班泰雷利亚岛进行了炮击。

为了扫清登陆作战的外围障碍，英美盟军实施了班泰雷利亚岛登陆战，其代号为"瓶塞钻"。班泰雷利亚岛在西西里岛西南 110 公里处，位于西西里和突尼斯东北海岸之间，号称"地中海中部的直布罗陀"。班泰雷利亚港虽然只是古迦太基时期遗留下来的一座小港，在海水千百年来的侵蚀下，海岸线陡峭如削，岛上的港湾只能容纳小船。1942 年 11 月前后，当人们知道西西里海峡有丢失的可能时，才想到增强该岛的防御。在盟军部队的猛攻下，该岛的防御力量没有起到什么作用。

班泰雷利亚岛上驻扎着 7000 人的意大利守备部队，还有数千名德军，由意大利海军少将帕韦西统一指挥，配备 7 门海岸炮和 15 门高射炮。这些火炮都是老式装备，性能落后。其实，自从 1942 年 11 月突尼斯海峡被盟军控制后，意大利一直都在加强班泰雷利亚岛的防御。岛上大约有 1 万人，这就使防御增加了困难。岛上食物本就严重缺乏，自从 1 月以来便没能补给上了。该岛除 3 个水井之外别无水源。居民平时由屋顶接收雨水饮用，此时由于部队数量的增加，用水量比平时多了一倍。因此，就有必要从西西里岛用船装运淡水。

考虑到这些问题，意大利海军总部于3月间向政府建议，将岛上的居民迁走。然而，内政部坚决反对，据说此举会影响士气，尤其是西西里方面。1943年5月末，数千名德国士兵突然撤离了该岛，使得意大利人被迫唱起了独角戏。不过，德意法西斯仍在大肆宣传，把班泰雷利亚岛吹嘘为一座炮位如林的堡垒，是一座固若金汤的海军基地。

班泰雷利亚岛虽然可以起到掩护西西里岛的作用，但防守十分薄弱，又没有驻岛航空兵，因此不可能阻止盟军在西西里的登陆行动。由于盟军当时使用的大部分飞机是英国短程的"喷火式"飞机和美国的P-40型飞机，所以缩短机场和攻击目标之间的距离是有相当大的好处的。因此，攻占班泰雷利亚岛和岛上的飞机场就显得十分重要。

鉴于此，盟军几位主要领导人艾森豪威尔、坎宁安和特德等人力排众议，坚持首先夺取班泰雷利亚岛。他们认为，用微小的代价便可拿下这个地方。这种看法的根据是，估计大多数意大利军队已经厌战，正在找撤退的借口。他们认为，如果对该岛进行连续几昼夜的猛烈轰炸，不让防御部队有睡眠和休息的机会，加上强大的海军炮火的支援，攻击将比较容易，敌防御部队有可能事先投降。

英美盟军进攻班泰雷利亚岛的方法和德意联军进攻马耳他岛如出一辙，即空中打击，海上封锁，在有效的抵抗被瓦解后，一举登陆成功。然而，盟军进攻班泰雷利亚岛比起德意联军进攻马耳他岛容易得多，一方面由于该岛面积还不及马耳他岛的一半，另一方面则是由于盟军拥有绝对的空中优势。

再则，马耳他岛本身拥有空中力量，尽管其有效程度前后不一，但可以全力捍卫该岛。与此相反，班泰雷利亚岛却是没有空军力量，同时也得不到外来的空中支援。盟军首先是猛烈的空中打击，班泰雷利亚岛守军只能任人宰割。

◎ 激战，西西里登陆预演

6月1日夜间，英美盟军巡洋舰"佩内洛普号"和驱逐舰"侠士号""攻城雷号"驶近班泰雷利亚岛，并发射少数炮弹来侦察该岛的防御力量，但"佩内洛普号"巡洋舰被意军岸炮击伤。德意军有效性成问题的海岸炮台对盟军海上侦察无力还击。在实施大规模空袭的同时，盟军的舰艇编队也不时对岛上设施进行压制性打击。

同一天，盟军担任海上封锁的两艘驱逐舰"贾维斯号"和"瓦西利萨·奥耳加号"在斯帕蒂文托角拦截并击沉了两艘意大利运输船。

6月2日至3日，英国巡洋舰"奥赖恩号"和驱逐舰"侠士号""特鲁布里奇号""圣杯号""艾赛斯号"一齐向班泰雷利亚岛开火。

6月5日，英国巡洋舰"纽芬兰号"加入炮击班泰雷利亚岛的行列。短短几天里，盟军向班泰雷利亚岛进行了5285次攻击，倾泻了6200吨炮弹和炸弹，对该岛进行了毁灭性的打击，对轰炸机轰炸效果不明显的目标进行补充打击。炸弹如雨，滚滚硝烟笼罩两日后才散去。从空中拍摄该岛的照片，只见弹坑密布，酷似月球。

6月7日，盟军命令班泰雷利亚岛上的守军投降，但被守军司令帕韦西少将断然拒绝。

6月9日，在第二次命令守军投降得不到答复的情况下，盟军发动了持续不断的攻击。帕韦西少将每日向意大利海军总部报告防务，他早在6月2日的报告中就承认防御无望，投降是迟早的事。

到了6月10日晚，班泰雷利亚岛上只有两门高射炮还能发射，但其阵地在丛山之中，抗击盟军登陆无能为力。电话和公路交通均被破坏，命令只能由传令兵徒步传达。虽然几处水柜还剩下一点点淡水，其总量只够4日之用，许多部队已经无水可饮，也不可能获得补给。此时，守岛司令帕韦西少将在报告中称，该岛的抵抗力已经消耗殆尽，于是意大利最高统帅部授权帕韦西可以跟盟军接洽投降事宜。

这一天夜里，美军第五〇五伞兵团团长盖文上校和2名营长、3名运输指挥官坐飞机在西西里岛上空进行了一番侦察，掌握了西西里岛的地形特点。

6月11日黎明，盟军重轰炸机对班泰雷利亚岛进行了规模空前的猛烈轰炸。9时，守岛司令帕韦西少将决定停止抵抗，并向海军总部报告投降事宜。恰在这时，墨索里尼命令帕韦西以"断水"为由求降。墨索里尼在电文中说："我承认在目前形势下该岛已无能为力了。"其实，德意军在空袭中仅仅死亡56人，伤196人。帕韦西收到墨索里尼的命令后，下令守军停止抵抗，并在无线电台的旗杆上升起了白旗。

然而，由于四下弥漫的硝烟遮掩了岛上守军竖起的白旗，盟军没有能及时发现，猛烈的攻击没有停下来。英军第一步兵师搭乘"拉尔格斯号"巡洋舰和"侠士号""攻城雷号"驱逐舰以及"阿菲斯号"炮舰已经起航，巡洋舰"曙光女神号""纽芬兰号""奥赖恩号""佩内洛普号""尤里亚勒斯号"在8艘驱逐舰和8艘鱼雷艇的掩护下，向班泰雷利亚岛发动了全面攻击。

11日12时，盟军夺岛突击部队小心翼翼地从登陆艇上冲向海滩，却惊奇地发现没有遭遇炮火的攻击，这才知道岛上守军早已竖起了白旗，正眼巴巴地等着向盟军登陆部队缴械投降。盟军登陆部队随即占领全岛，俘虏全部守军，盟军自然无一伤亡。由于若干孤立的部队没有接到终止抵抗的命令，零星的抵抗又继续了几小时。盟军的空袭由于通信杂乱一直持续到下午，后来美国空军指挥官斯帕兹为此专门向帕韦西道了歉。

盟军夺岛激战正酣的时候，总司令艾森豪威尔正陪着罗斯福在非洲访问。罗斯福想亲临前线看一看战斗情况。艾森豪威尔拒绝了总统的要求，他认为罗斯福身为美军最高统帅关系着整个战争的命运，绝不能到前线去冒险。罗斯福和艾森豪威尔打赌："艾克，我估计岛上的意军超不过3000人，要是你们俘获的意军超过这个数目，我将为这个超额数目中的每一个俘虏付给你5生丁（编者注：生丁为货币单位，100生丁等于1法郎）。"后来，战报统计上显示盟军共俘获了11000人。罗斯福看到战报后，立即计算了兑换率，将钱付给了艾森豪威尔，并开玩笑说："我按每人二十分之一美分的价格把你们所抓获的俘虏全部买了下来。"

盟军占领班泰雷利亚岛后，位于特腊帕尼港和的黎波里之间的兰佩杜萨岛就更不在话下了。其实，盟军在空袭班泰雷利亚岛的同时，对兰佩杜萨也进行了空袭。由于兰佩杜萨岛目标小，所以防御比较差，盟军于6月12日即占领了该岛。

至此，盟军全部清除了进攻西西里岛的障碍。除了希特勒，所有人都知道盟军攻占班泰雷利亚岛正式揭开了西西里岛战役的序幕。盟军在班泰雷利亚岛和马耳他岛附近的果佐岛修建了机场，其战斗机部队随即进驻这两个岛，这样，就解决了从突尼斯和马耳他起飞的盟军战斗机的作战半径只能到达西西里岛的锡拉库萨和特腊帕尼以南地区的问题，大大地扩大了战斗机的作战半径。

班泰雷利亚岛登陆战创造了单独由空中作战造成一个岛投降的战例。这里需要说明一点，为盟军所津津乐道的关于马耳他岛抵抗力如何了不起，其实它的地位和班泰雷利亚岛是不能相比的。马耳他岛没有班泰雷利亚岛那样的经历，至少没有经历过像班泰雷利亚岛最后一周的惨状，马耳他岛也没有承受过如此规模的空中攻击。另外，马耳他岛能坚持到底是有充分理由的，因为它总可以指望于将来改善其态势，同时又因为确知从外面送来若干援助和补给并不是完全不可能的。然而，班泰雷利亚的守军完全是绝望的，他们的抵抗只是为了在空袭中求得生存。

盟军在攻占班泰雷利亚岛的过程中，对敌方机场的攻击有增无减，同时还对从西班牙至科孚岛一线各港口实施了不间断的监视，对所有经过直布罗陀的盟军护航运输船队进行空中掩护。

6 月 13 日，盟军占领了班泰雷利亚岛附近的利诺萨小岛和兰皮奥内岛。这样，盟军就占领了西西里岛附近的所有岛屿，彻底打开了通向西西里岛的障碍。于是，盟军马上投入西西里登陆战的准备工作。

6 月 20 日，盟军登陆空降部队从训练地区转移至突尼斯机场，进入最后的战前准备。

◎ 为登陆，精密部署

6月23日，盟军地中海战区总部在阿尔及尔召开关于讨论登陆西西里岛具体作战问题的协调会议。参加会议的有盟军地中海战区总司令艾森豪威尔，副总司令兼第十五集团军群司令、西西里战役陆军总指挥亚历山大，英军第八集团军司令蒙哥马利，美军第七集团军司令巴顿，盟军地中海舰队司令坎宁安，登陆掩护舰队司令威利斯，航空母舰机动编队司令蒙特，盟军空军司令特德，以及军、师级将领。

前两次阿尔及尔会议只是酝酿准备阶段，仅仅讨论与制定作战企图，而这次会议则是解决具体实施的问题，必须详细地制订具体的作战计划，分派具体的作战任务，使责任明确地落实到各位将军身上，以保证战役计划贯彻到各作战部队的作战行动中。

作战参谋首先向与会人员介绍了敌我形势及兵力对比。参加西西里岛登陆的总兵力主要是第十五集团军群所辖的英军第八集团军和美军第七集团军

13 个师（包括 10 个步兵师、1 个装甲师和 2 个空降师）又 3 个独立旅，总兵力 47.8 万人，作战飞机 4000 多架，战斗舰艇和辅助船只 3200 艘。英军第八集团军由蒙哥马利指挥，其任务是在岛东南的锡拉库萨到帕基诺地段登陆，向墨西拿前进；美军第七集团军由巴顿指挥，其任务是在岛西南的杰拉到利卡塔地段登陆，通过该岛中央把敌军一分为二，并肃清岛西北角的敌军。主要舰队有两支：一支是由英国的"无敌号"和"无畏号"航空母舰及 6 艘战列舰组成的掩护舰队；另一支是由美国的"约克城号"和"埃塞克斯号"航空母舰组成的特混舰队。为了迷惑敌人，英国的两艘航空母舰将在战前向希腊方向发动佯攻。

总的作战计划是：美国海军中将 K. 休伊特指挥的西部特混舰队运送第七集团军（3 个步兵师）在西西里岛南部登陆，英国海军中将拉姆齐指挥的东部特混舰队运送英军第八集团军（4 个步兵师、1 个步兵旅）在岛的东南部登陆，另有 2 个空降师在登陆前后实施空降。为满足登陆和空降要求，登陆正面宽 160 公里。登陆时间确定在 1943 年 7 月 10 日凌晨 2 时 45 分。

德意轴心国部队总兵力共计 26 万人，飞机 1400 架，水面舰艇 200 艘，潜艇 16 艘。同盟国和轴心国双方兵力对比：总兵力 1.6 比 1，飞机 2.6 比 1，战斗舰艇 1.3 比 1。另外，意大利海军舰艇没有雷达，经常缺少燃油，且没有一支海军航空兵。

作战参谋介绍完后，艾森豪威尔开始给在座的将领们分派任务。每次有重大军事行动时，美英两国高级将领都会为作战任务争得面红耳赤，这次依然如此。蒙哥马利和巴顿在登陆滩头阵地的选择上各执己见。最后，在艾森豪威尔的协调下，巴顿只得接受对美军略显不公的作战任务。

艾森豪威尔通过高超的协调手段和出众的口才，让各执己见的将军们基本接受了各自的作战任务。接下来，他开始征询各位将领需要注意的问题，他说："现在，我们来商讨一下登陆作战时应该注意的问题。首先，我来说一下自己的看法，由于此次行动是盟军自战争爆发以来第一次大规模的登陆作战，作为盟军前线最高统帅，我要求战役打响后，在座的各位将军特别是地面部队的指挥官，每小时向我报告一次战斗情况，以便我能及时掌握战场情况并及时做出协调。"

艾森豪威尔讲完后，看了看蒙哥马利和巴顿，又扫视了一下会场。大家连连点头，表示明白。

这个时候，盟军登陆部队总指挥亚历山大开始向大家阐述这次登陆作战的步骤，他说："现在由我来说说这次登陆作战的细节问题。"他认为，由于盟军对西西里岛实施的连续轰炸取得了显著的效果，并掌握了制空权和制海权，完全可以使用奇袭的方式进行登陆。

"我不同意将军这样的作战安排。"对于这种把海军舰艇作用大幅降低的战法，身为航空母舰机动编队指挥官的蒙特自然不会赞同。见登陆舰艇掩护编队指挥官威利斯将军缄默不语，蒙特只好自己开口："情报显示，德军在西西里岛上的2个师，分别是'戈林'装甲师和第十五装甲步兵师，其战斗力不容忽视。如果没有充分的炮火及航空火力准备，就算顺利登陆，也必将遭到敌军坦克集群的猛烈打击。"

蒙特说得没错，盟军欧洲的"超级"破译情报组织是一支如太平洋"魔术"小组一样出色的情报机构，在战前就破译分析出德军的王牌劲旅"戈林"装甲师正好部署在盟军预定登陆的西西里岛南部，而摩托化第十五装甲步兵师则部署在该岛的西部。

没等蒙特把话说完，亚历山大面带怒色地说："我们的目标是登陆，如果战舰在登陆战刚刚发起时便向岸炮击，那就相当于告诉敌人我们将要登陆的正确地点，这样无疑会失去登陆的突然性，敌人将有时间提前调集重兵。如此，不管是空降部队还是登陆先头部队都将难以夺取滩头阵地。假如一开始便能顺利夺取滩头阵地，把重武器运到滩头并架设起来，就不用担心德军坦克的冲击。"

显然，亚历山大对自己的作战安排非常有信心，并没有把年轻将军蒙特的话放在心上。

艾森豪威尔给蒙特递了个眼色，蒙特只得把想说的话咽了回去，装出一副受教的样子。战役打响后，很快便证明了蒙特的担心并非多余，不过，这样倒给了蒙特一次立功的机会。

会议中，难免有些不协调的声音，总的来说还算是一次成功的会议。艾森豪威尔充分显示了其驾驭不同属下、掌控大局的才华，也让蒙特见识到作为领导必需具备的政治手腕和亲和魅力的重要性。会议结束后，将军们各自返回司令部，为登陆西西里岛的战役做最后的准备和训练。

◎ 战火烧向西西里

6月26日，一支盟军船队在邦角附近海域遭到德军100多架飞机的攻击。盟军岸基航空兵的战斗机一直在空中掩护，有效压制了德军机群的攻击，船队才没有遭受到太大损失。此外，盟军航空兵还有力掩护了在北非各地进行临战训练的地面部队。

7月2日，盟军航空兵开始对西西里岛、撒丁岛和意大利南部机场进行集中轰炸，尤其是对西西里岛所有机场的轰炸异常猛烈，仅在杰尔比尼、卡塔尼亚等机场就投下了高达1500吨的炸弹。

7月3日，盟军的空军部队向西西里岛、撒丁岛和亚平宁半岛南部的机场、港口、潜艇基地和工业中心发动了大规模的空袭，炸毁很多目标，德意空军部队被迫将基地撤回意大利北部。同一天，盟军还在墨西拿海峡击沉了意大利5艘火车渡轮中的4艘。此时，西西里岛与意大利本土的联系已经非常困难。

7月4日，盟军登陆部队从北非和中东各港口登船，英军第八集团军从的黎波里、亚历山大、塞得港、海法和贝鲁特出发；美军第七集团军从奥兰、阿尔及尔、比塞大起航；所有运载登陆部队的船队伪装成护航运输船队，前往马耳他岛会合，再转向西西里岛。

为掩护登陆编队的海上航渡，盟军在墨西拿海峡陈兵2艘航母、4艘战列舰、4艘巡洋舰和18艘驱逐舰，在突尼斯海峡陈兵2艘战列舰、2艘巡洋舰和6艘驱逐舰。与此同时，英国海军按照计划出动"无敌号"和"无畏号"航空母舰向希腊方向佯动，迷惑敌人。

7月8日傍晚，盟军所有部队集结完毕，没有发生任何意外。此时，天气晴好，夕阳西下，红霞满天。准备起飞的美军空降部队士气高昂。唯一疏忽的是，盟军侦察员使用的几条折叠式帆布艇被杰拉海滩上的守军发现了。意大利海军副参谋长桑森内蒂向意大利潜艇司令报告说，盟军随时会在西西里登陆。

7月9日，盟军所有护航运输船队抵达会合海域。运送美军第七集团军第1梯队的船队在马耳他以西海域会合，运送英军第八集团军第1梯队的船队则在马耳他以东海域会合，随后驶向指定登陆地点西西里岛的南滩和东滩。

3时20分，意大利守军在班泰雷利亚岛以南发现了一支盟军输送队。意大利海军参谋长估计，这支输送队可能去马耳他加入其他输送队，在风暴停息后，他们将全部实施登陆。然而，此时的西西里岛守军毫无察觉。

中午过后，地中海海面风暴骤起，狂风怒号，大浪滔天。狂风巨浪使德意联军暂时松了一口气，他们认为晚上总算可以痛痛快快地睡一觉了，甚至德军搜索雷达站的工作人员都不相信他们在屏幕上所看到的巨大"亮点"，直等到天亮后才去报告。

盟军舰队在狂风巨浪中颠簸前行，队形开始混乱，运输船上的士兵因晕船而呕吐不止。马耳他指挥部里的盟军将领们正在密切关注着天气的变化，如果风暴不停，登陆部队将无法进行换乘，整个作战计划将被打乱。此时，最紧张的当数盟军地中海舰队司令坎宁安，如果继续前进，如此巨大的风浪已使登陆舰颠簸不已，更别说登陆艇了；如果返航，几个月的准备工作将化为泡影。多年的地中海航海与作战经验，使坎宁安坚信天气一定会好起来的，他的态度同样坚定了亚历山大的信心。亚历山大命令负责气象观测的军官密切关注天气的变化，并及时上报。

几分钟后，气象官来报："将军，北风从法国南部海岸吹来，风势猛，来得快，去得快。我敢保证，到22时，风势就会平息下来。到我们发动进攻的时候，天气就会转好。"亚历山大听完气象官的报告后，得知风暴将在午夜停止，心情顿时好转起来。他想，风暴定会迷惑敌军，这可是偷袭的大好时机，于是果断下令："按照计划，立即行动！"

在盟军登陆部队航渡期间，德意联军因丧失制空权和制海权，其航空兵和水面舰艇的阻击便显得软弱无力，唯一能发挥作用的只有潜艇。其实，德意联军当初就计划在地中海部署多艘潜艇，用以截击盟军的登陆运送船队，但是因德军投入的潜艇部队主力从6月22日起就一直在阿尔及利亚附近海域活动，留在西西里岛以南海域的只有6艘德军潜艇和9艘意军潜艇。这些潜艇先后击沉了6艘运输船、1艘油船及2艘坦克登陆舰。然而，盟军凭借强大的反潜兵力对德意联军的潜艇进行了反击，击沉德军3艘潜艇、意军6艘潜艇，还俘获了意军"布朗泽号"潜艇。这样，除了狂风外，盟军的航渡还算比较顺利。22 时 30 分，风势果然变得平和起来。临近午夜，风几乎停了下来。

这一天，盟军对西西里岛各机场的攻击达到了高潮。一天之中进行了 21 轮轰炸，用于攻击塔奥米纳机场的轰炸机达 411 架，战斗机达 168 架；对岛上主要机场锡拉库萨、卡塔尼亚和帕拉佐洛投入的飞机更是多达 800 架次。

在盟军的猛烈轰炸下，西西里岛只有 1 个简易机场还勉强可以使用，另有 2 个机场可供紧急着陆，其他机场均被摧毁。此外，盟军航空兵还炸毁了德意联军设在西西里岛塔奥米纳的航空兵司令部。盟军以 78 架战斗机专门攻击敌军雷达站。

西西里岛的德意航空兵全力反击。意军出动战斗机 690 架次，德军出动战斗机 500 架次。德意空军部队的反击尽管使盟军受到一定损失，但由于实力悬殊，还是无法保住西西里岛的机场。

经过盟军猛烈的空中突击，德意空军的实力大为削弱。盟军采取声东击西的轰炸策略，使德国人和意大利人很长时间摸不着头脑，所以盟军在西西里岛登陆时，德意海军和空军未能组织起有效的抵抗。

7 月 9 日 18 时 33 分，意大利海军总部报称，有一架德国飞机于 16 时 30 分在马耳他岛外面发现有敌军舰和登陆舰向北移动。意大利海军总部立即给驻防西西里的意德潜艇和鱼雷快艇部队下达了作战命令。以特腊帕尼港为基地的意大利鱼雷快艇因该地区的天气恶劣，不能出动；以安佩多克勒港为基地的德国鱼雷快艇则乘夜出动到利卡塔港附近，但在该处被盟军的猛烈反击所击退。

9 日 18 时 40 分，英国空降兵第 1 梯队 2578 人由第一空降旅旅长希克斯准将指挥，搭乘 137 架滑翔机，向攻击目的地挺进。机群起飞后采取疏开的双机队形，在距离西西里岛 2700 米时由于来不及升高到预定脱钩高度，滑翔机只得在低空脱钩。因为高度太低，69 架没能进入岛上便坠入海中，600 多名伞兵被淹死。载有希克斯的滑翔机也降落在海面上，在滑翔机尚处于飘浮状态时希克斯爬上机翼，后为盟军特种登陆艇救起送到岸边，一直过了整整 24 小时才赶到彭德格朗大桥。进入岛上的滑翔机，只有 2 架降落在彭德格朗大桥附近，22 架落在距离大桥 1 公里处，还有 49 架则远在 10 公里之外。英军的滑翔机部队境况更差，12 架滑翔机中只有 1 架在目标地点着陆，大部分坠入大海。

9 日入夜，盟军空降兵部队按预定计划开始实施空降。盟军空降兵在西西里岛空降登陆用的是 CG-4 滑翔机。滑翔机是利用机翼在气流中产生升力的一种飞行器，本身没有动力装置，能自行起飞，从高处往下滑翔时，遇到上升气流还能升高。CG-4 型滑翔机正式用于生产是在 1941 年，它有钢制机身，也有木制机身，翼展长度一般为 255 米，也有 146 米长的。CG-4 的机头包括驾驶员和助理驾驶员的座位和飞行控制系统，装载和卸载军人和军备的枢纽，以便能够顺利地完成空降任务。一旦要执行突击性空降行动，CG-4 就可以运送 13 名全副武装的士兵或者一辆军用吉普车和 7 名士兵或者一辆 75 毫米的榴弹炮和操作员抵达目的地。此外，CG-4 滑翔机还有一项特别的用途：配上专用的推土机，CG-4 可以在运输机后面清理机场跑道。CG-4 滑翔机被 C-47 运输机拖着飞行时，每小时可以飞行 200 公里。二战中，美军和英军使用超过 12 万架 CG-4 滑翔机进行空降行动。

20 时 45 分，美国空降兵第一次出现在战场上，他们是西点军校毕业生马修·李奇微率领的第八十二空降师。李奇微派他的校友詹姆斯·盖文率第五〇五伞兵团共 3405 人搭乘 226 架 C-47 运输机，从突尼斯飞往西西里岛。盖文出发前接到上级通知，天气将要变坏，西西里岛的地面风速将达到每秒 15 米，但是空降仍按预定计划进行。机群起飞后采取 9 机编队队形，由于飞行员缺乏夜航经验，出于隐蔽考虑还不得使用无线电，机群队形顿时散乱。机群偏离了航线，飞到了西西里岛东岸，找不到着陆场，只得飞回海上重新进入，结果遭到德军高射炮的猛烈射击，被击落 8 架，击伤 10 架，还有 3 架迷航返回出发机场。

7 月 10 日 0 时，美军第七集团军司令巴顿把全体参谋人员集合到甲板上，发表了简短而鼓舞人心的讲话：

各位，现在是 1943 年 7 月 9 日午夜 12 时过 1 分，也就是 7 月 10 日零时 1 分。能指挥第七集团军，是我的荣幸，它是午夜投入战斗、天亮前接受战斗洗礼的美国历史上第一个集团军。你们要为能参加这次行动而感到骄傲，因为你们被授予了进攻和摧毁敌人的权利，美国陆军的光荣和世界的未来掌握在你们手上。请注意，你们值得获取这种伟大的信任！

巴顿好友休伊特海军中将特地为他们举行了庄重的出征仪式，他向副官下达命令，一支海军仪仗队踏着正步走来，举着海军赠送给巴顿的礼物——一面美军第七集团军崭新的军旗。看到这个场面，巴顿激动得热泪盈眶。

0 时 30 分，美军空降兵第五〇五团开始实施空降。因队形被德军高射炮火打乱，空降过程持续了一个多小时。空降着陆点分散，只有一个连空降到预定地点，其余降落在距离很远的地方，最远的距离达到 100 公里。空降兵着陆地点距离预定地点足有 48 公里，加上着陆时风速达到每秒 15 米，很多空降兵被大风吹到石头、树木、房屋上，伤亡很大。这种情况下，全团当夜无论如何是集合不起来的，只有空降在目标附近的伞兵连占领了一个公路枢纽。但是，降落在其他地点的空降兵主动就地投入战斗。

团长盖文集合起 200 多人在比亚佐山阻击德军开赴登陆滩头的援军。战斗异常激烈，盖文身先士卒，亲自使用火箭筒向德军坦克射击。盖文指挥200 多名士兵顽强拼杀，击毁多辆德军坦克，并迫使其退出战斗。美军以阵亡 50 余人、伤 100 余人的惨重代价，顶住了德军的反扑，有力支援了抢滩部队。

第四章

盟军大抢滩

巴顿不顾部下的劝阻，冒着密集的炮火与突击队员们一起冲锋。他一边指挥战斗，一边激发官兵们的战斗热情，并下达了誓死抵抗的命令："每个人都要坚守自己的战斗岗位，无论出现什么情况，都不准后退！避开坦克，不准放过任何一个敌人！"

◎ 突如其来的打击

7月10日凌晨，西西里岛登陆战正式拉开帷幕。

按照登陆计划，盟军登陆时两个集团军都使用空降部队首先发动攻击，夺取纵深防御工事，以保障登陆顺利实施。盟军使用的空降部队是英军第一空降师和美军第八十二空降师共5400名官兵，这是盟军在地中海战区所能集结的最大空降兵力，也是英美盟军在二战中首次大规模夜间空降。

美军第五十二运输机联队的1500架C-47运输机负责运送空降部队，出发机场是突尼斯的凯鲁万机场和苏萨机场，经佩拉杰群岛、马耳他至西西里岛。鉴于盟军的战斗机作战半径只能到达西西里岛南部，无法确保空中优势，因而在午夜时分开始实施空降，借助满月的月光，在月落前空降完毕。

美军空降兵第八十二师第五〇五团、第五〇四团负责保障第七集团军的登陆行动，编为两个空降梯队。第五〇五团和第五〇四团第三营为第1梯队，于登陆前在杰拉东北6公里的高地附近实施空降，切断公路，阻止敌预备队增援，以保障先头部队登陆，而后协同登陆部队占领奥里弗机场；第五〇四团（欠1个营）为第2梯队用以增援第1梯队。

英军空降兵第一师的第一空降旅和第一机降旅负责保障第八集团军登陆，也编为两个梯队。第一机降旅为第1梯队，于登陆前在锡拉库萨南侧空降，夺取并扼守彭德格朗大桥，以保障登陆部队顺利通过；第一空降旅为第2梯队用于增援第1梯队。

其实，参加西西里岛登陆的空降兵从4月上旬开始就在摩洛哥的乌季达进行临战训练，选择与战区地形相似的地区进行了多次实战演习。

凌晨2时45分，美军第七集团军先头登陆部队向杰拉发起攻击，打响了西西里岛登陆战的第一枪。巴顿鉴于第一空降梯队未完成预定夺取杰拉东北高地及机场的任务，确定第2空降梯队于11日夜在德军已经放弃的距登陆场有3公里的法勒洛机场附近空降，以增援登陆部队。

凌晨3时，在距离海岸约1.2万米处，盟军第一批部队由运输船换乘小型登陆舰艇。在扫雷舰和猎潜舰的护卫下向登陆地点发起冲击。登陆艇将部队运上岸后，再返回运输船接运第二批部队，如此循环往复，将登陆部队全部送上岸。

震耳的飞机声惊醒了西西里岛海岸边睡梦中的意大利守军，看着低空掠过的密密麻麻的飞机，他们打着哈欠不以为意，反正几天来都是如此。当目光转到海面上时，他们张大的嘴再也合不拢了：在朦胧的月色中，海面上大大小小的军舰冲向岸边，多得数不清。更令他们吃惊的是，盟军一些方头方脑的舰艇一直冲上了海滩，然后舰艇舱门徐徐放下，两列士兵跟着中间的坦克直接冲上滩头，直扑而来。这是美国专门建造的新型登陆舰艇和坦克登陆艇，第一次使用就大规模投入到西西里登陆战中。登陆舰是一种 100 米长的长方形的吃水浅的平底船，有一个巨大的舰艏跳板。登陆艇长 34 米，类似一个浮动的铁路上的无顶平板货车。盟军这些登陆舰艇可以靠上海滩，放下舰艏跳板，使坦克、火炮和车辆经过跳板快速上岸。

德意联军虽然被打了个措手不及，但盟军的登陆并不顺利。英军许多登陆艇被海岸附近的沙丘阻碍，无法上岸，当然也就无法将包括火炮和坦克在内的重型武器运到岸上。如果意军进行顽强抵抗并实施坚决反击，盟军的情况将非常危险。幸运的是，在海滩设防的意军部队是由当地人组成的杂牌军，这些人厌战情绪很强，看到盟军到来，有的乘机逃回家，有的则向盟军投降，以至于有的英军军官戏称："大批意军主动蜂拥前来投降，部队面临被踩踏的危险，甚至比被子弹打死的危险还大。"

◎ 登陆，在艰难中前进

7月10日黎明前，防守西西里岛的德意联军总司令古佐尼命令守在尼斯切米和卡尔塔吉罗内的意军坦克部队和德军装甲部队向杰拉登陆的盟军发起反击。德军的行动慢慢腾腾，原来他们还没有搞清楚盟军的主要突击方向。德军南线总司令凯塞林通过无线电指示"戈林"师的指挥官康拉特，弄清美军的行动意图之后再组织反击。正是德军行动迟缓给了巴顿的达比突击队一次机会，否则，这支突击队不是遭到毁灭性的打击就是被赶入大海。

天亮后，德意联军大批飞机从意大利起飞，先在撒丁岛着陆加油，再起飞攻击盟军舰船。德军"梅塞施米特–109"战斗机大显神威，击沉了2艘坦克登陆舰，击伤1艘驱逐舰，还击落了英军2架从巡洋舰上弹射起飞的水上飞机。意军全天出动飞机198架次，德军出动283架次。在盟军拥有绝对空中优势的情况下，德意军航空兵能取得这样的战果已是非常难得。究其原因，主要是盟军过于夸大空军的作用，主张实施远距离空中支援，忽视直接空中支援。这样一来,盟军登陆舰队在 7 月 12 日之前几乎没有得到空中掩护,甚至在德军一个由 32 架飞机组成的大编队飞越舰队上空时,竟无一架盟军战斗机进行拦截。在登陆部队迫切需要空中支援时,由于指挥程序烦琐或是引导不准确,飞机经常不能及时到达指定地区,而担负登陆地区空中巡逻的战斗机数量又太少,通常只有 4 至 8 架,起不到应有的作用。所有这些问题,导致盟军舰船在登陆伊始,便遭遇不必要的损失,也使舰队在频繁的对空射击中,难以分辨敌我,导致多次空降误击。

5 时,1 架德国轰炸机在西西里岛南侧炸沉 1 艘在该海域巡逻的"马多克斯号"驱逐舰,还炸伤了"游行者号"潜艇。为了增强突击力量,驻守在意大利本土的德意飞机不断飞抵西西里岛。德意飞机的作战半径都很小,只能先飞到撒丁岛,加油后再来轰炸盟军的登陆舰艇。

8 时 30 分,从盟军巡洋舰上弹射起飞的 4 架"海鸥"式水上飞机以两个双机编队的形式,执行警戒任务。德军战斗机突然赶来,一举将 3 架英机击落。10 时,德军 3 架战斗机对正在架设浮桥码头的盟军坦克登陆舰进行轰炸,但是没有命中。德军轰炸机向杰拉附近的盟军护航运输队和海滩上的登陆部队进行轰炸和扫射,炸伤 1 艘驱逐舰,延缓了巴顿的第七集团军登陆时间。

黄昏时分,德军 1 架战斗机顺着夕阳低空飞行,快速冲向盟军 1 艘满载车辆、火炮、弹药和地雷的坦克登陆舰。1 颗航空炸弹落在甲板上爆炸,爆炸引起了更大的爆炸,炸毁了火炮和车辆。德意空军向盟军登陆部队发动了更加猛烈的攻击,一轮接着一轮。

美军第一步兵师师长艾伦将军在岸上指挥所向第七集团军司令巴顿将军报告:"德军在距步兵第一师阵地只有几英里的地方,集中了 100 辆中型和重型坦克。这预示着德意军队明天很有可能发动较大规模的反攻。"

巴顿清楚地意识到，当务之急是把火炮和坦克运上岸，如果第二天敌人的装甲部队发动全面反攻，其后果将不堪设想。想到这里，巴顿立即改变作战计划，命令第二装甲师和第十八团停止前进，迅速做好战斗准备。装甲部队连夜做好部署，此时的巴顿信心十足，决定亲自参加明天的战斗。

7月11日，西西里岛上，南线德军总司令凯塞林命令"戈林"师于清晨全力向杰拉的美军发动反击，并命令第十五装甲师从巴勒莫迅速南下，协同"戈林"师先消灭美军，再沿环岛公路对英军实施反击。

天刚亮，防守西西里岛的德意联军总司令古佐尼下令"戈林"师和"利沃德"师分别从东南和西北两个方向对美军实施夹击。德国空军出动了481架飞机，频频轰炸美军滩头部队，美军飞机起飞拦截，结果引起一场混战，美军地面防空武器不分敌我地进行炮击。德意空军继续对美军船队实施猛烈空袭，击伤4艘运输船，其中2艘遭到重创。

与此同时，美军中型轰炸机群向守岛意军的后方投下许多传单。传单上写着：你们已经被四面包围，陷入了毫无希望的困境，任何抵抗都将导致毁灭和死亡。拿着这些传单作为"投降证"，你们可以到我军后方领取食物并获得安全保障。

美国士兵用意大利语不断地向意军朗诵这些传单，扩音器昼夜不停地播放着传单上的话。岛上到处都充斥着盟军登陆的消息。很多意大利士兵手里拿着白色传单跑来，向美军投降。在盟军围攻的强大压力下，传单的宣传效果越来越显著。开始，意大利官兵是几十名一批来投降。后来，数百名官兵一起拿着传单作为"通行证"，向盟军投降。意军一上校说："盟军的宣传给我们带来了灾难，读罢那张小小的传单，你才知道政府在向我们撒谎，于是很多官兵便再也无心作战了。"不久，守卫西西里岛的10多万意大利军队全部投降了。

此后几天，美军中型轰炸机群又在意军后方扔下更多"投降证"。就在传单散发后的第二天清晨，一批意大利士兵从自己的阵地跑了过来，每个人手中拿着一张白色传单。有的人还忐忑不安地问："这是投降用的凭证吗？"在得到肯定答复后，他们全都欢欣鼓舞地交出了手中的武器。后来，美军心理作战处的一位军官深有感触地说："散发传单几乎像空袭一样有着致命的打击力量，每散发一批传单就等于拯救了许多美国士兵的生命。"一名美军士兵这样说："西西里岛不是我们用飞机大炮夺取的，而是用'纸弹'攻下来的！"

6时35分，意大利出动12架俯冲轰炸机，开始向杰拉登陆地区海域集结的美军船只进行猛烈轰炸。6时40分，"戈林"装甲师从卡尔塔吉罗内分兵两路向杰拉推进，冲破美军第一步兵师第二十六步兵团第三营的坦克防线，他们的目标是夺取昨天意大利坦克丢失的阵地。

第二十六步兵团的指挥部离杰拉不远，对德意军的进攻没有准备，团里的全部反坦克炮昨天在坦克登陆舰被炸毁时全部报销了。德军60多辆坦克对第二十六团防线发起冲击，而该团只有2辆轻型坦克，师炮兵运上岸的大炮还在沙滩上没有运过来。第二十六步兵团其他营虽然对三营进行了策应，但力量太弱，无济于事。第一步兵师副师长小西奥多·罗斯福在第二十六步兵团指挥部与师长艾伦通了电话，向他通报情况："情况不太妙，我们与三营失去了联系，请问那些支援的中型坦克什么时候能上来？如果坦克上不来，想打退敌人的反击，攻占蓬特奥利机场将非常困难。"

小西奥多·罗斯福放下电话，立刻回到师部督促坦克部队。他绝不能看着第一步兵师就这样被轻易打垮。

9时30分，美军第七集团军司令部与第一步兵师的通信联络中断，所以集团军司令巴顿对该师的处境一无所知。为了同岸上部队取得联系，以便统一有效地指挥，巴顿在参谋长盖伊、副官斯蒂尔的陪同下，带着几名士兵离开休伊特将军的旗舰乘登陆艇登陆。他脚蹬一双锃亮的高筒皮靴，身穿紧身马裤和漂亮的毛料衬衫，上面佩戴着三个勋章，扎着领带，腰上插着一支柄上镶着宝石的手枪，脖子上挂着一副大号望远镜和一块地图板，头戴钢盔，嘴里叼着一支大雪茄。由于汽艇靠不了岸，巴顿便涉水前进。上岸后，巴顿看到被反步兵地雷摧毁的两辆"都克乌"（编者注：一种载重量为两吨半的水陆两栖卡车）和7艘开上了海滩的小型登陆艇。

此时，正值一位战地摄影师在抓拍西西里战役的实战镜头，当他发现衣冠楚楚的巴顿将军时，立刻将照相机镜头对准了这位血胆将军，拍摄下了进军西西里历史性的镜头。然而，就在摄影师拍照时，一颗炮弹在巴顿身边不远处的水中爆炸了。炮弹是一门88毫米或105毫米口径的火炮发射的，掀起的浪花溅得巴顿浑身都湿透了。他一边毫不在乎地拍打着身上的海水，一边对盖伊将军说："没关系，哈普，有前面的城镇给我们遮蔽，杂种们是打不着咱们的。"

至此，美军上岸人员已达8万，车辆7000辆，坦克300辆。新开辟的简易码头也已投入使用，登陆部队还占领了6处机场。

◎ 血胆巴顿

7月11日夜，美军第八十二空降师师长李奇微下令第五〇四空降团执行空降任务。当运载着2000多伞兵的144架C-47运输机飞抵西西里岛上空时，由于盟军海军舰艇和地面部队事先没有得到通报，将机群误作敌机进行了猛烈的射击。运输机编队仓皇躲避，许多飞机相撞起火，惊恐万状的空降兵慌乱跳伞，降落在方圆100公里的地域。

作风凶悍的第五〇四空降团团长塔克中校把惊慌失措的部下集合起来，勇敢地投入战斗。第五〇四空降团在缺少重武器的情况下，用步枪、机枪、手榴弹和火箭筒与德军坦克展开激战。当第七集团军司令巴顿登上滩头的时候，遇到的第一个指挥官就是塔克。此时的塔克正扛着火箭筒起劲地打坦克。

夜间让一大群飞机在自己的舰队上空飞行是危险的，即使事先告诫军舰不许开火也是如此。这是美军指挥官指挥的严重失误。杰拉滩头的空投虽然不算成功，但为日后的空降作战提供了宝贵的经验。

在德意军队进行疯狂反击时，巴顿狂放急躁的老毛病又犯了。当战斗进展不顺时，他便跑到前沿阵地亲自指挥作战，结果有 10 个小时与艾森豪威尔失去联系。艾森豪威尔无奈，只得于 7 月 12 日凌晨乘英国驱逐舰"攻城雷号"来到第七集团军视察。

7 月 12 日，蒙哥马利向亚历山大请示："我建议让我军向北移动，以便把西西里岛拦腰截断。"亚历山大同意了蒙哥马利的建议。

当巴顿正因为蒙哥马利把美军排斥在主攻行动之外而生气时，英国人又来"争功"了。蒙哥马利认为，在断裂多山、地形状况不利的情况下，应该让英军优先使用可供使用的道路。

此时，可供盟军使用的公路只有两条，一条是 114 号公路，另一条是 124 号公路。根据作战计划，114 号公路归英军使用，124 号公路归美军使用。然而，不讲道理的蒙哥马利准备抢用 124 号公路。他想通过 124 号公路迂回攻打驻守在卡塔尼亚平原上的德军。为了抢占这条公路，蒙哥马利在没有经过亚历山大许可的情况下，命令英军顺着 124 号公路偷偷挺进。正在这时，美军第二军军长布莱德雷刚要使用 124 号公路。

当天傍晚，美军发现了英军第五十一高地师。蒙哥马利达到目的后，才把这一情况上报给亚历山大。当天午夜，亚历山大下达命令，要求美军第二军把 124 号公路移交给蒙哥马利。此时，布莱德雷的第二军距 124 号公路已经不足 1 公里了。当初在制订西西里岛登陆作战计划时，美军被当成新军，没有在战役中担任主攻任务。这时，亚历山大又把美军派去保护英军的后方，让英军优先使用公路。英军抢占 124 号公路时，趾高气扬。根据亚历山大的命令，美军被迫撤回滩头阵地，这种浪费时间的作战计划使德意军队有了足够的时间来组织防御。

12日6时30分，盟军总司令艾森豪威尔在杰拉港外，看到巴顿正在指挥部属把指挥所转移至岸上。巴顿在作战地图室向艾森豪威尔简要介绍了战况。没想到，艾森豪威尔却批评他擅离指挥岗位，且很少报告战况。二人谈了45分钟，艾森豪威尔对巴顿的行为很不高兴。艾森豪威尔生气的原因是巴顿不能像蒙哥马利那样每小时送来一份战报，致使他无法向上汇报和掌握全局。布莱德雷后来猜测，正是巴顿这次勇敢的"参战"，毁了巴顿的远大前途，而这也许是自己以后青云直上的原因之一。

艾森豪威尔想去看看布莱德雷和他的第二军，巴顿谎称到海滩要1个半小时。之后，艾森豪威尔去了第八集团军加拿大部队的阵地，之后回到马耳他岛。艾森豪威尔走后不久，美军第五〇四团空降损失的报告送到了巴顿手中。巴顿事先不知事情经过，他很快将报告送给了艾森豪威尔。结果，艾森豪威尔怀疑巴顿未及早汇报，并向其发去责备的电报。艾森豪威尔要求巴顿处理粗心大意和玩忽职守的人，并要求写报告从速处理。巴顿以为艾森豪威尔在找借口撤他的职，于是大骂艾森豪威尔未经战火，是个前程似锦的不倒翁。

12日清晨，根据德军南线总司令凯塞林的命令，"戈林"装甲步兵师和意大利的2个摩托化步兵师向巴顿的第七集团军发起反击。德军坦克集群猛扑过来，美军第一线部队由于反坦克炮和穿甲炮弹随着昨天被击沉的那艘坦克登陆舰沉入海底，只有寥寥数门反坦克炮，配属的坦克更是只有2辆，其余坦克因为海滩上地雷没有及时清除而无法上岸。

面对德军坦克疯狂的冲击，美军使用了所有手段，反坦克火箭筒、反坦克炮、反坦克手雷。然而，德军坦克数量很多，特别是"虎"式重型坦克炮

猛甲厚，眼看德军突破了防线，势如破竹儿向滩头冲去，紧急召唤空中支援
又毫无踪影。美军第二军军长布莱德雷不停地埋怨近距离空中支援的薄弱，
他的部队整天盼望着空中支援。

　　激烈的战斗持续了一天，德军坦克几乎推进到距美军第七集团军滩头阵
地不足2公里处。巴顿亲临前线指挥第七集团军奋力反击，命令身边的海军
岸上火力控制组火速与海军联系，请求海军舰炮支援，正在杰拉湾的美军"博
希斯号"和"萨凡纳号"巡洋舰立即以203毫米口径舰炮轰击德军坦克。"虎"
式重型坦克的装甲再厚也难以抵挡203毫米口径重炮，转瞬之间被炸毁。战
至傍晚，德军损失大批坦克，被迫撤退。德军的反击就这样被盟军海军舰炮
粉碎了。至15日第八十二空降师参战5307人，仅剩3024人，元气大伤，
只好撤离前线休整。

　　8时30分，意大利坦克单独向杰拉开来。在杰拉，广播里正播着"一切
危险都已解除"的消息时，意大利的坦克却冒着浓烟隆隆地向这边冲了过来，
并不时地向突击队员们开枪开炮。意大利坦克虽然是一些陈旧的破烂儿，但
美军连一门反坦克炮也没有，因此，意大利军队占了上风。街上的美军突击
队员见到意军坦克冲过来，赶紧躲到楼房里，从二楼窗口朝街上的敌军坦克
射击，但没有效果。突击队长达比上校朝一辆坦克打了300发30毫米口径
的子弹，也未能阻止它。随后他拼命地跑动，躲开敌人坦克，跳上吉普车，
返回码头，将刚刚运到岸上的一门火炮卸下，搬到车上，然后将这临时安装
的反坦克炮拉回杰拉，向敌军坦克射击。这一行动非常奏效，意军见势不妙，
丢下几辆燃烧的坦克很快撤走了。意军坦克对达比突击队的阵地进攻，就这
样被击溃了。

当上岸后的巴顿进入杰拉市后，发现一座三层楼房上飘着一面红旗，他得知是达比突击队的指挥所后，便决定去看看这位勇猛无畏的达比。巴顿的临时变动，解救了自己和随从，因为当他来到三楼时，正看见达比用缴获的一挺德国77式机关枪向7辆朝他开来的坦克装甲车射击。巴顿一行要是不停留的话，将与敌不期而遇，那后果不堪设想。达比突击队有1个装备着缴获的德军77型火炮的炮兵连——第二十六步兵团三营K连，2个突击营，1个106厘米化学弹迫击炮连，以及第三十九工兵团的一个营。

巴顿在达比的指挥所亲眼目睹了杰拉市大街最为激烈的巷战。此时，达比的突击队与第一步兵师的联系已被德意军队切断，德意联军"利沃德"师和"戈林"师向杰拉发动了猛烈的攻势，战斗在一片混乱中进行。美军突击队员与德意军队短兵相接，浴血奋战。第一步兵师的其他2个团也告吃紧，德军康拉特战斗群的40辆坦克突破了第十八步兵团的防线。德军坦克在康拉特将军的指挥下，几度突破美军防线，有的坦克冲到了海滩附近。师长艾伦指挥美军第一步兵师拼死反击，抵抗德军抢滩。巴顿不顾部下的劝阻，冒着密集的炮火与突击队员们一起冲锋。他一边指挥战斗，一边激发官兵们的战斗热情，并下达了誓死抵抗的命令："每个人都要坚守自己的战斗岗位，无论出现什么情况，都不准后退！避开坦克，不准放过任何一个敌人！"

与此同时，巴顿通过无线电同海军和空军取得联系，要求休伊特将军迅速向德军猛烈轰击，并要求空军给予支援，同时让休伊特催促炮兵部队火速增援杰拉战场。一时间，海军巡洋舰上的炮火发出了怒号，杰拉战场成了炮弹倾泻的场所，浓烟滚滚，火光冲天，敌军的坦克瘫痪地躺在路边燃烧着，德意士兵的尸体遍地横卧。炮击间隙，盟军飞机又飞临战场上空，对德意军队的活动目标进行了轰炸。此时的杰拉城在炮火和炸弹的轰击下摇摇欲坠。之后，根据巴顿的命令，从利卡塔开来了 10 辆坦克，立即投入战斗。不久，第三十二野炮营登陆后也参加了战斗，美军第二装甲师离开沙滩后也加入了战斗的行列。美军勇猛的反击，给"利沃德"师和"戈林"师以沉重的打击，敌军三分之一坦克被摧毁，其余的则狼狈逃窜。

◎ 坦克陷阱

12 日 9 时 30 分，南部盟军战斗机和高炮部队击退了德军的空袭。因空中袭击难度越来越大，德意空军只好放弃南部美军登陆部队，集中攻击东部英军登陆部队。

11 时 30 分，美军牢牢控制住杰拉滩头阵地，巴顿总算能松一口气了。美军第一步兵师虽然没有占领蓬特奥利弗机场，但官兵们勇猛作战、顽强拼搏的精神令巴顿拍案叫绝，该师果然没有辜负自己的期望。

11 时 50 分，巴顿在达比上校的突击队指挥所看到 2 架英国飞机在城市上空投弹轰炸。随后，德军 1 个炮队开始炮击，其中 2 发炮弹击中巴顿所在的楼房，街对面一座房子的屋顶被打了个洞。尖叫声四起，不过除了一些平民伤亡外，官兵安然无恙。巴顿离开突击队指挥所后，来到加菲将军的第二装甲师，命令加菲封锁杰拉和第一步兵师之间的空隙地带，还下令派坦克支援达比的突击队。此时，达比往各条道路派出了由 3 辆半履带式装甲车组成的巡逻队。虽然巡逻队不参加作战，仅运载工兵装备，但是极大地威慑了没有机动火炮的意军。

中午时分，德意军总司令古佐尼得到利卡塔、斯考格利蒂失陷的消息后，急调第十五装甲团、1 个摩托化步兵师和阿西埃塔步兵师支援杰拉的部队，同时催促德军迅速出动"戈林"装甲师与意军共同夺回杰拉，其目的是把美军第一步兵师赶下海。

13 时 16 分，美军驱逐舰"巴特勒号"向德意军坦克集中发射了 48 发炮弹。轻巡洋舰"波依斯号"一面用水铊测深一面驶向海滩，随后朝蓬特奥利弗公路周围的目标进行射击，最后向内陆 13 公里处的尼谢米进行齐射。巴顿和参谋长盖伊同小西奥多·罗斯福会晤后，又驱车前往艾伦的指挥所，途中正好碰到风风火火赶往第七集团军司令部的艾伦。艾伦将军疲惫不堪，用布满血丝的眼睛望着巴顿。

15 时 30 分，14 架德军轰炸机从头顶掠过，遭到美军防空炮火的打击。防空炮弹的弹片纷纷坠落，其中一块弹片砸在离巴顿不到 10 米远的地方。巴顿抬头望见敌我双方空军飞行员正在进行空中格斗，2 架德军轰炸机和 1 架战斗飞机被击落。他命令艾伦和加菲明天一早拿下蓬特奥利弗机场，随后一路顺利地驶回了杰拉。

巴顿非常自豪地描述当时的心情："一位集团军司令和他的参谋长在一条通过敌我两军交战前线并几乎是战场中心线的大路上驱车 10 公里，简直太刺激了！"

巴顿在返回杰拉途中，无意间看到海上 1 艘被德机轰炸的运输船冒着浓烟，接着巨大的爆炸将该船炸成两截，冲天而起的白烟和黑烟高达数千英尺。

在杰拉海滩，巴顿看见士兵们正在干一件蠢事。他们竟然在一堆大约有300枚500磅炸弹和7吨20毫米烈性炸弹之间挖散兵坑。巴顿对这种毫无军事常识的行为进行了严厉的批评。

12日17时，美军轻巡洋舰"萨凡纳号"协助别动队员击退了从布特拉沿公路南下的意大利步兵的进攻。"格伦农号"在支援右翼第十六团的过程中，发射了165发炮弹，直到20时57分，该舰岸上控制组发出停止射击的信号为止。舰炮的射击迫使"戈林"师撤退，该师共损失30名军官、600名士兵、40至50辆坦克，但是仍有45辆坦克完好无损。

与美军激烈的战斗相反，英军的运气却非常好。他们的进攻没有遭到德军的反击，进展顺利。80余名空降兵在威瑟斯中尉指挥下赶到彭德格朗大桥，一举消灭守桥意军，夺取了大桥。中午，意军在坦克掩护下进行反击，英军空降兵兵力薄弱，弹药消耗殆尽，难以抵抗。16时许，大桥又被意军夺了回去。半个小时后，英军登陆先头部队赶到，重新夺回大桥。

12日黄昏，英军空降部队占领西西里岛南部的锡拉库萨和奥古斯塔两个港口，为部队继续向北推进提供了保障。第八集团军司令蒙哥马利决定改变空降部队第2梯队的任务，用于夺取前进道路上的卜利马索尔大桥。第2梯队共2077人，配属10门加农炮、18辆汽车，由116架运输机和19架滑翔机运送。

这一天，蒙哥马利给盟军副总司令、第十五集团军群总司令亚历山大发电："我的作战情况非常好……我建议让我的集团军向北进攻，以便将这个岛截成两半。"蒙哥马利认为，美军第七集团军应作为一种静止的翼侧警卫部队掩护英军的右翼。

7月12日至14日，美军攻占了科米索、比斯卡和蓬特奥利弗三个机场，滩头阵地的最后目标也已占领，甚至连蒙哥马利的第八集团军预定的攻占目标恩纳也被美军抢先一步占领。恩纳是古佐尼将军的司令部所在地，因而成了西西里的军事重镇。巴顿的第七集团军占领恩纳后，在国际国内引起很大轰动，而蒙哥马利此时引起了各界的不满。

美军比预定计划提前了好几天，其原因是一旦把敌人轰了起来，就没有让他们停住脚步喘息的时间。巴顿平时教育部队官兵也是贯彻这种精神的，对德军一直紧追不舍。另外，意军和德军花费了巨大的劳力、时间和金钱来构筑防御阵地，他们过于相信防御阵地，从而削弱了作战能力。另外，德意军队的判断力很糟糕。还有很重要的一点，就是德意两军之间的矛盾，德军好几次把地雷埋在意军后面。当意军企图逃跑时，便踩响了这些地雷。

美军在进攻中，遇到了一些从未见过的最巧妙的坦克陷阱。德军在公路的右半边挖了一个长约6米、深3米的大坑，然后在上面绑上细铁丝，再撒上土，伪装成路面。接着，他们又在大约9米远的路左边造一个同样的陷阱。每个陷阱前都架上铁丝网，诱使美军的坦克冲破铁丝网，而后直落陷阱。德军在其他地方也挖了许多6米宽、4.5米深的坦克陷阱，绵延数千米。然而，美军紧贴公路边缘爆破前进，一路畅通无阻。

巴顿的第七集团军进展神速，对领受的任务很不满。第二军军长布莱德雷在后来的回忆录中写道："攻占一些小山，俘虏一些驯良的农民和无精打采的士兵是不光彩的。"英美盟军登陆总指挥亚历山大希望美军取得突破性进展，于是给巴顿发去了一项新的指令："攻占阿格里琴托和安佩多克莱港。"就在指令刚下达1个小时，亚历山大便收到巴顿的捷报："经特拉斯科特第三师的'火力侦察'，阿格里琴托和安佩多克莱港已在我军的掌握之中。"原来，美军早就占领了阿格里琴托和安佩多克莱，只不过没有请示上报而已。

7月13日，德意航空兵决定，放弃对美军登陆滩头的攻击，集中所有力量攻击英军登陆滩头。当天，德意航空兵炸沉正在英军滩头卸载的3艘运输船和驱逐舰、医院船各1艘，击伤2艘运输船和1艘辅助船。随后几天，盟军空中掩护日益加强，德意军的空袭仅在7月17日和22日炸伤1艘运输船和2艘驱逐舰。

◎ 世界上首次伞兵遭遇战

7月13日傍晚，蒙哥马利给刚刚看望巴顿归来的亚历山大发去一份电报，他认为，在断裂多山的西西里岛作战的指挥官，必须拥有可供使用的良好的公路，而当时只有两条良好的公路可供第八集团军使用：一条是经过埃特纳火山的东翼侧向北延伸的114号公路，蒙哥马利打算让第十三军来使用这条公路；另一条是向西北方向延伸经过卡尔塔吉罗内－恩纳－莱昂福泰的124号公路，这条公路将使英军能够迂回攻击驻守在卡塔尼亚平原上的德军。124号公路位于美军作战区域，而且布莱德雷也有英军那样的打算，准备把这条公路用作第二军的进攻轴线。蒙哥马利事先没有向美军通报，就秘密命令部队抢先占用了124号公路，想抢在美军之前进入墨西拿。

7月13日19时20分，蒙哥马利命令第八集团军部队发起夺取锡美托河上的卜利马索尔大桥的战斗。按照蒙哥马利的命令，英军空降部队第2梯队1900名空降兵，连同反坦克武器一起，被空投到卜利马索尔桥。由于临时改变计划，组织仓促甚至没有通报给盟军海军指挥部，以至于机群在飞越自己舰队上空时，竟然遭到己方军舰的射击，最终有14架运输机被击落，35架被击伤，还有25架为躲避突然攻击与队形失散，迷航返回；4架滑翔机被击落，另有1架因伤重坠海。其余飞机于22时许到达卜利马索尔大桥，由于机群队形散乱，着陆非常分散。

令英军没有想到的是，德国伞兵竟然也在同一时间空降到同一地区。原来，这是德军施图登特的第十一航空军的所属部队，其快速反应部队第一空降师是作为地面部队去增援西西里的。该师乘飞机分批空降在德军战线后方的卡塔尼亚南部东边地段。施图登特原希望把他们空投到盟军战线后方，如果这样的话，英军伞兵或许会顺利占领那座桥。然而，第一空降师第1个分遣队恰恰在其战线后方约3公里的地方空降，这样就与空投在德军战线后方去打通卜利马索尔大桥的英国伞兵部队不期而遇。

世界历史上第一次伞兵遭遇战在卜利马索尔桥头打响了。

卜利马索尔桥头伞兵遭遇战

250名英军官兵聚集在空投地域，抢先占领了桥梁。一天后，他们粮尽弹绝，德军在赶来增援的第十九摩托化步兵师支持下，把桥梁从英国人手中夺了回来。英军空降失败，对于争强好胜的蒙哥马利来说，不啻于挨了一记闷棍，打通通向卡塔尼亚平原之路的希望落空了。

这一天，德意轰炸机多次从意大利南部各机场起飞，对英军登陆部队还没有卸完的舰船发动空袭，炸沉1艘驱逐舰和3艘运输船。西西里岛的形势逐渐恶化，希特勒通过凯塞林进行遥控，德军的抵抗马上得到加强。开始时，希特勒想把盟军赶走，可是由于战局不利，他决心把作战重点向东转移，以墨西拿为中心重点设防，在西西里岛西北部建立一个阵地，以便在形势无法逆转时，保证德军和意军安全地撤向意大利本土。这一防线是由赫布将军控制的，主要的防线是从卡塔尼亚经卡泰纳诺瓦·阿吉拉和尼科西亚到达东北海岸的圣斯特凡诺，还有两条是确保墨西拿稳定的预备防线。

7月14日凌晨1时，分散的英军空降部队第2梯队仅仅集合起200余人，途中又陆续收拢了50人，于4时攻向卜利马索尔大桥。其实，在英军空降之前，德军就意识到盟军极有可能夺取卜利马索尔大桥，并于前一天晚上，派出德军第一空降师的第四团第三营在大桥伞降，紧急加强了大桥的防御力量。当英军伞兵着陆时，遭到德军伞兵的猛烈攻击。双方伞兵展开激战，英军凭借人数上的优势击退了德军，夺取了大桥，并迅速在大桥两端构筑起工事。

14日中午，德军空降部队从卜利马索尔桥南，意军守桥部队和德军增援部队从桥北，开始对英军实施两面夹击。英军因伤亡惨重，于18时被迫放弃大桥。在此后的两天里，英军伞兵仍不断组织攻击，与德意联军反复争夺，直至16日晚，英军登陆部队主力到达，才完全控制了大桥。

盟军在西西里岛登陆战役中，先后实施了4次空降，共出动运输机642

架次，滑翔机 153 架次，空降总人数 9816 人，其中伞降 7816 人。然而，这 4 次空降作战均未达到目的，空降兵伤亡 1500 余人，占总人数的 15%，运输机被击落 45 架，被击伤 86 架，失踪 25 架；滑翔机被击落 69 架，着陆时坠毁 15 架，失踪 10 架。这些损失的 70% 都是盟军部队自己造成的。

盟军首次大规模空降作战，以严重失利告终。

在总结此次空降作战时，盟军许多将领认为，组织实施大规模空降战得不偿失，进而怀疑甚至降低空降兵的作用。美国陆军地面部队司令麦克奈尔建议，将空降战限制在营级甚至更小的规模，并要求将空降师从军队序列中撤销。麦克奈尔的建议是片面的，这种错误认识曾一度使盟军在诺曼底登陆的空降战中遇到了许多麻烦。西西里岛空降战失利的原因有计划准备不充分、海陆空缺乏密切配合、联络不畅通等。

盟军总司令艾森豪威尔在给美国陆军参谋长马歇尔的备忘录中写道："就算是在白天，想避免这种己方地面部队对我空中飞机的误击现象也十分不容易。根据投入战场的盟军空中力量计算，我们应该掌握着制空权。在保证掌握制空权的前提下，我方的飞机沿规定航线作水平飞行仍然遭到自己人的射击，实在是一件不应该发生的事情。为了解决地空识别问题，十分恼火的斯巴兹曾告知阿诺德。当然，这也代表我的观点。今后，为避免发生此类误击事件，陆空部队必须加强空地识别与相互配合，否则空军将在后续的战役中拒绝受领任务。从总的战略态势上看，盟军方面处于相对优势，特别是在掌握制空权的前提下，地面部队大可不必一见飞机便对空开火。应该按照先观察识别后行动的基本程序。"

这就是艾森豪威尔作为最高统帅与众不同的地方，他对流出的每一滴血都进行总结，而不是互相埋怨与推卸责任。

◎ 硬仗还得巴顿来

7 月 16 日，亚历山大以指令的形式将蒙哥马利在 13 日提出的进军计划下达给各集团军指挥官。本来英军擅自闯入美军作战地域的鲁莽方式已经令美军十分恼火，如今作为副总司令的亚历山大偏袒英军的决策行为，就好像是用盐擦巴顿和布莱德雷的伤口。巴顿和他的第七集团军官兵听到这个消息非常气愤，特别是布莱德雷，他强烈反对这一命令。布莱德雷的第二军离通往恩纳的主要道路已经不到 1000 米，而现在却要让米德尔顿的步兵第四十五师把公路让给加拿大第一步兵师，这就意味着，他得把整个步兵师撤到原来的地点，最终再挤入第一步兵师的左翼。

这样一来，第二军的进展将被拖延好几天，这一做法实际上是把美军排斥在主要作战行动之外，是对美军作战能力的怀疑和轻视，使美军完全失去了夺取墨西拿的机会。美军的作用仅仅是掩护英军的后方和侧翼，这对美军来说无疑是奇耻大辱。布莱德雷这样写道："它证实了我早先的疑虑，只有蒙哥马利才被允许进攻墨西拿。"美军一个参谋人员用这样一句话概括了第七集团军司令部对这件事的看法："这样一来，我们就能舒舒服服地在我们这边坐着，而让蒙蒂（蒙哥马利的昵称）去结束这场该死的战争了。"

当初，由于蒙哥马利的反对导致了"爱斯基摩人"作战行动计划的修改，降低了美军第七集团军的作用。如今在亚历山大的纵容下，蒙哥马利又从他们手中抢走一条宝贵的公路，以便得意扬扬地进军墨西拿，甚至不允许美军向巴勒莫推进。巴顿虽然十分恼怒，但仍坚持了作为一个职业军人的基本操守，默默地服从了这道命令。亚历山大又命令蒙哥马利率部进攻墨西拿，巴顿所部为其提供侧翼和后方的安全保障。美军评论家对此做出一致评判："蒙哥马利将获得墨西拿一等奖，而美国人连安慰奖也被剥夺了。"

蒙哥马利的要求和亚历山大的决定，后来成为军事历史学家的笑柄，认为这是最差的战略决定，它令美军第四十五步兵师脱离接触、退回杰拉及转向西北方，同时为德军第十四装甲军逃离包围圈赢得了宝贵时间，并得以在埃特纳山区组织坚固的防御，从而丧失了围歼德军的最佳机会。这样的安排还产生了一个不好的结果，那就是导致第八集团军司令蒙哥马利和美军第二军军长布莱德雷的冲突升级。

根据亚历山大的指令，美军第二军第四十五师被迫后退，转到第一步兵师的后面，退回滩头。这一行动无疑浪费了美军的进攻时间，使德意军队有了喘息的机会。此时，希特勒非常关心西西里战场的局势，他担心意军失败后会退出轴心国，而使他们的力量减弱。于是，希特勒决定派南线总司令凯塞林去战场了解情况，以便制订切实可行的计划。

凯塞林奉命立即飞往恩纳，与66岁的德意联军总司令古佐尼将军举行会谈。在会谈中，凯塞林了解到意大利军队的抵抗已经土崩瓦解，他认为在这种情况下，要守住西西里岛已是不可能了。当天晚上，凯塞林即刻前往罗马，向墨索里尼讲了他的看法，但是这位意大利独裁者拒绝接受他的看法。凯塞林无奈只得电告希特勒，请求允许德军从西西里岛撤退。希特勒马上批准了凯塞林的计划，但他仍然惦记着希腊和撒丁岛，既然盟军在西西里岛已经站稳了脚跟，为了避免岛上的两个师被消灭，同意撤退，但要求且战且退，以争取时间。

凯塞林见"戈林"师在杰拉反击失利，而从巴勒莫出发的第十五装甲师在盘山公路上行进中又连遭盟军空袭，眼看已没有可能将盟军登陆部队赶下海。此时，凯塞林知道大势已去，只好与盟军混战以拖延时间，牵制盟军。凯塞林决定依托埃特纳火山之险，坚守卡塔尼亚，确保墨西拿，使部队通过墨西拿撤回意大利本土。但此时，"戈林"师和第十五装甲师都在岛东南，又有一定损失，而至关重要的卡塔尼亚却无兵驻守，便将在意大利南部的德军第一空降师和第二十九摩托化步兵师调到西西里岛，增加掩护撤退的必要兵力。

然而，希特勒此时已改变了当初只是把英美盟军赶下大海的计划，他决定在西西里东北部保留一个桥头堡，以便掩护德军和意军向意大利本土撤退。为此，希特勒任命独臂将军汉斯·赫布负责西西里岛的战事。赫布是一位久经沙场的优秀装甲兵将领。他在斯大林格勒战役失败前回到德国，在此次登陆战中又被派上了战场。为了达到希特勒所要达到的目的，赫布的部队得到了大量增援。

7月17日，艾森豪威尔在给美国陆军参谋长马歇尔的信中，激动地描述着抢滩登陆时的情景："……上个星期一早晨，我沿美军海滩巡视一周，亲眼目睹了卸载工作的情形，并借这一机会与赫威特及巴顿会面。在我的视野中，数百艘船只与各型登陆舰陈列海上，由卡里塔逶迤向东，其威武壮观之场面，确实令人难忘。更使我感动的是，全体官兵们战斗情绪高昂，人人忠于职守，英勇作战……"

同一天，巴顿前往亚历山大的司令部，他决心说服亚历山大面对现实，将东路进攻的美军由助攻转为主攻，以此改变整个战役的进程。巴顿自信地对亚历山大说："将军，鉴于目前形势的发展，我来请你解除对我的束缚，并把你的命令改成这样：第七集团军迅速向西北和北面挺进，攻占巴勒莫，进而隔断敌军。"

亚历山大此时已经看清战局的发展趋势，他明白，虽然不会承认他让蒙哥马利两次修改计划是犯了错误，但使他丢尽脸面的却是第八集团军不仅未能打开通往墨西拿的通道，而且战役在东部停滞不前。当时的形势由于牺牲的士兵越来越多，战略物资的消耗也不计其数，这都给亚历山大带来了巨大压力，特别是国内国际反法西斯战线人民的不满情绪越来越高涨。在这种情况下，亚历山大当然希望西西里战役的局势有所突破，打破僵持的局面。于是，他愉快地同意了巴顿的请求，希望美军将战役主动权夺回来。

巴顿带着亚历山大的指令，火速投入行动。他决定把特拉斯科特的第三师、李奇微的第八十二空降师余部和加菲的第二装甲师组成一个临时军，由凯斯指挥，对巴勒莫发动决定性的攻击。同时，第二军第四十五师在西侧向北推进，切断海岸公路，防止巴勒莫的德意军队通过海岸公路撤向埃特纳山区一线或墨西拿，并与蒙哥马利的左翼部队保持联系，协同作战。

这一天，盟军战机在罗马和意大利其他城市上空散发了罗斯福和丘吉尔联名致意大利人民的文告：

在当下关键时刻，美国和英国的联合武装部队在艾森豪威尔将军和他的副总司令亚历山大将军的指挥下，正把战争深深地推进到你们的国土。这是墨索里尼及其法西斯政权，迫使你们接受的那种可耻的领导所带来的直接后果。墨索里尼引导你们作为一个残杀各国人民并摧毁人们自由的野蛮国家的仆从，参加了这场战争。

墨索里尼把你们投入了他认为希特勒已经稳操胜券的战争。尽管意大利容易遭受来自空中和海上的袭击，你们的法西斯领袖却仍然把你们的子弟、你们的舰只、你们的空军派往遥远的战场，帮助德国去实现它想要征服英国、苏联和全世界的企图。这种与纳粹德国的阴谋勾结，同意大利在自由与文化方面的悠久传统，也就是同英美两国人民与之有极其深厚的渊源关系的那些传统，是极不相称的。你们的士兵不是为了意大利的利益，而是为了纳粹德国作战。他们进行了英勇的战斗，但是他们在苏联前线以及在从阿拉曼到邦角的非洲各个战场上，都被德国人出卖和遗弃了。

今天，德国企图征服世界的希望在各个战场上都被粉碎了。意大利的天空是在美国和英国庞大的空中机队的控制下，意大利的海岸受到了英国和盟国集中在地中海的前所未有的最大海军力量的威胁。现在，你们所对抗的力量誓死要摧毁纳粹德国的势力，这种势力曾经被无情地用来使一切拒绝承认德国人是统治种族的人们遭到了奴役、毁灭和死亡。

为意大利谋取生存的唯一希望，在于对盟国的武装部队的不可抗拒的威力，实现体面的投降。如果你们继续容忍为纳粹党的邪恶势力服务的法西斯政权，你们势必要承受你们自己的选择所带来的严重后果。我们并不乐意攻入意大利的领土，使意大利人民经受战争毁灭的悲剧。但是，我们坚决要摧毁那些虚伪的领袖和他们的那种使意大利沦落到如此处境的主义。你们抵抗盟国的联合部队的每一分钟，你们流的每一滴血，只能达到这样一个目的：给法西斯与纳粹领袖更多一点时间，让他们逃脱他们自己犯下的罪行所造成的不可避免的后果。你们的一切利益，你们的一切传统，被德国和你们自己的虚伪而又腐化的领袖们背弃了。只有推翻上述两者后，一个重新建立的意大利，才能在欧洲国家的大家庭中受人尊敬。

现在，由你们意大利人民考虑你们自己的自尊、你们自己的利益以及你们自己要求恢复国家的尊严、安全与和平的愿望的时刻已经来到了。现在这个时刻要求你们决定：意大利人究竟是要为墨索里尼和希特勒卖命，还是为意大利和文明求生！

这篇文告犹如一声惊雷，在摇摇欲坠的法西斯国家意大利引起了极大的震动，罢工、游行迅猛发展，墨索里尼如坐针毡，朝不保夕。

与此同时，希特勒下达命令："我们不指望能守住西西里岛。重要的是拖延敌军，以为稳定欧洲大陆的局势争取时间。最重要的是不能让一个德国师遭受损失。"不久，德军又得到第二十九装甲榴弹师和第十四装甲军的支援，德军的任务不是保卫西西里岛，而是打阻击战，保障主力部队撤退。因此，德军出动精锐部队在埃特纳地区阻击英军，德军其他部队向北面和东面撤退，退守墨西拿海峡。

120

第五章

墨索里尼被赶下台

墨索里尼的结局完全出乎他的意料，他认为只要在世，就没有人敢在他的头上动土。的确，他得势时曾拥有数以百万计的军队和人数众多的保镖。但是，当他被押上囚车时，没有一个人来救他，甚至法西斯民团也没有这样做，也没有一个人来替他辩护。

◎ 权力之争

7月18日，在西西里岛上，德军可供使用的飞机只有25架。被盟军摧毁或损坏而遗留在机场上的德意军队的飞机共有1100多架，其中半数以上是德军飞机。这为盟军尽快占领整个岛屿创造了极为有利的条件。

经过一个星期的战斗，巴顿不再甘心让蒙哥马利唱独角戏，决心拿下西西里首府巴勒莫。

巴勒莫，位于西西里岛西北部，是西西里岛的第一大城市，是个地形险要的天然良港，也是一座拥有开埠2800年的古城。巴勒莫的古建筑虽然没有金碧辉煌的傲人外观，但是哥特式、古罗马建筑及伊斯兰建筑等多种风格并存。有些建筑物具有浓厚的阿拉伯色彩，意大利大文豪但丁曾称赞该地是"世界上最美的穆斯林城市"。尽管这些建筑的风貌与欧洲建筑截然不同，但是千年来早已经与这里的花草绿地、街巷广场、人文历史融为一体，曾有人这样形容："但凡见过这个城市的人，都会忍不住回头多看一眼。"

巴勒莫的古建筑

由此可见，攻占巴勒莫的战略价值虽然没有多大，但是其政治影响不可低估，尤其在英军举步维艰之际，更是给美军提供了一个在世界上展示自己实力的机会。

7月19日，希特勒和墨索里尼在意大利北部亚得里亚海疗养胜地路麦多山脉里米尼附近的山间别墅举行会晤。这次会晤不同以往，会晤进行了5个小时。其间，几乎由希特勒一人在说话，墨索里尼在一旁当听众。希特勒气急败坏地指责意大利懦弱，要求意大利必须争取现实可行的办法来挽救危局。墨索里尼坐在一把大椅子上，耐着性子听希特勒的长篇大论。

希特勒气急败坏地对墨索里尼说，意大利政府太不受尊敬了，国内败北主义横行，人心涣散，而能够挽救意大利的唯一的办法是要把懦弱的意大利军队归入德军麾下。直到会晤结束，墨索里尼没有任何表示，会谈自然毫无结果。然而，这次会晤所产生的影响，包括随墨索里尼同去开会的武装部队参谋长维多里奥·安布罗西奥将军在内的几乎所有人都感到，墨索里尼已经不适合当领袖了。

会晤期间，传来了英美盟军轰炸机第一次在白天对罗马大肆轰炸的噩耗。墨索里尼感到更加绝望。会晤结束后，这个意大利独裁者怀着沮丧的心情回到罗马。当墨索里尼抵达罗马时，他的飞机飞进了一大片浓密的黑烟中，这是利特里奥火车站正在燃烧的数百辆客车冒出来的烟。

墨索里尼

墨索里尼来到皇宫，觐见意大利国王维克多·埃曼努尔三世。他发现国王愁眉紧锁，神情紧张。国王对墨索里尼说："局势非常严重，我们坚持不了多久。西西里岛现在已落入西方国家的手中。德国人会出卖我们，军队纪律已经瓦解。"

墨索里尼回答说，他希望在 9 月 15 日使意大利和轴心国联盟脱离关系。

丘吉尔对此不失讽刺地说："这个日期表明墨索里尼脱离现实已经到了多么严重的地步。"

令墨索里尼没有想到的是，国王早在他与希特勒会晤之前，就与意大利法西斯党内反墨索里尼的团体来往。这个时候，国王踌躇不前正在考虑是否应该逮捕墨索里尼。直到墨索里尼的又一次觐见，终于让国王下定了逮捕这名大独裁者的决心。

同一天，巴顿指挥第七集团军开始向巴勒莫发动进攻。其中第三步兵师打得最为顽强，巴顿在战前给第三步兵师师长特拉斯科特下了死命令："限你在 5 天之内必须拿下巴勒莫，否则就不要回来见我。"美军在巴顿的指挥下，快速推进，暂编军向前推进的速度尤其惊人。

7 月 21 日，美军第二装甲师特遣队在达比上校的指挥下，占领了卡斯特尔维特拉诺。此时，意大利军队无心抵抗，他们的指挥官竟然直接命令下属严禁向美军开火。

同一天，英军第十三军在卡塔尼亚转入防御；第三十军发起进攻，力争摧毁德军防线，以摆脱不利的局面。第三十军的进攻遭到惨败，伤亡很大。蒙哥马利下令把第七十八师从北非调到西西里岛，以增援第三十军继续作战，但第七十八师最早也要到月底才能赶到。鉴于此，英军只好停止进攻，德军趁机加固防御工事，调兵加强了防线。

就在蒙哥马利在德军的防线面前无计可施的时候，巴顿认为，如果让美军去攻打巴勒莫的话，一定能攻下，一旦成功整个战局会有利于盟军。于是，巴顿决定向亚历山大请缨，进攻巴勒莫。巴顿乘飞机来到北非，决心说服亚历山大。他对亚历山大说："将军，由于战局的变化，我请求你把命令改为：

第七集团军立即向西北和北面挺进，进攻巴勒莫，并将德军一分为二。"由于蒙哥马利的攻势受阻，亚历山大迫于无奈，只好批准了巴顿的请求。巴顿马上飞回战场，重新进行了军事部署。接着，巴顿下令：第三步兵师、第八十二空降师和第二装甲师改编成一个军，由凯斯指挥，攻打巴勒莫；第四十五步兵师向北发动进攻，占领海岸公路，与蒙哥马利的英军保持同步。

7月22日，美军达比特遣队沿海岸线挥师西进，美军第二装甲师也参加了战斗，并向东北迅速推进至巴勒莫郊外。与此同时，美军第三师以每小时3英里的惊人速度步行从科列奥奈赶到城东南的阵地保护重要设施，以防破坏。

同一天，意大利法西斯党卫队首领狄诺·格兰第特意拜访了他的老领袖墨索里尼。格兰第要求墨索里尼召开法西斯党最高委员会大评议会。这个委员会自1939年12月以来一直没有召开过会议，而且它一直是一个完全听命于"领袖"的有名无实的机构，第一次开会却成了"领袖"的送别会。在多数委员的要求下，墨索里尼终于答应在7月24日举行这次不寻常的会议。

为了保证会议正常进行，防止受到暴力骚扰，警察总监事先采取了必要的措施。墨索里尼的私人卫队——枪兵团，已被解除了保卫威尼斯宫的任务。意大利武装部队总参谋长布罗西奥自从与墨索里尼一同会晤希特勒后，一直在考虑一个计划，为了维护意大利法西斯党的统治，必须把墨索里尼赶下台。因为当时的意大利局势非常紧张，反法西斯抵抗力量空前活跃，如果不除掉墨索里尼，法西斯党有被推翻的危险。总之，不论是否为法西斯党员，人人都希望墨索里尼下台。

与此同时，格兰第把意大利国王推上了武装部队总司令的宝座。这样，墨索里尼就失去了两大权力支柱——武装部队和执政的法西斯党。

◎ "领袖"变囚徒

7月23日凌晨，巴顿随第二装甲师以胜利者的姿态进入巴勒莫市区。公路两边挤满了人，"打倒墨索里尼！美国人万岁！"口号声不断。市民们把鲜花扔到队伍经过的路上，捧出柠檬和西瓜。巴顿接管了皇宫，并成为司令部驻地，以一副征服者的样子住了进去。

当巴顿站在皇宫华丽的阳台上凭栏怀古时，亚历山大发来一封贺电："这是一个伟大的胜利，干得漂亮，向你及你的全体优秀官兵致以最衷心的祝贺！"

巴顿高高扬起有着坚毅下巴的头，认为当之无愧。的确，巴顿指挥第七集团军4天内突进300多公里，以伤亡300人的代价打死打伤敌军6000人，俘敌44000人，击落飞机190架，缴获大炮67门。

23日早上，巴顿巡视港口时，经过一群俘虏身边，他们站起来敬礼，接着开始欢呼起来。港口的破坏不太严重，但是附近的街区却惨不忍睹，其中两个街区的所有建筑成了废墟。一些轮船被炸弹整个儿从海里掀到了岸上。港口内，许多小舟被炸沉，有些甚至被炸成了两截儿。于是，巴顿命令迅速组织战俘扫除街上的垃圾，填修船坞的弹洞，为下一步作战行动提供良好的休整补给基地。这一天，美军第二军第四十五师进至泰尔米尼－伊梅雷塞以东，将西西里岛拦腰斩断，并获得了一个深水补给港。这给美军带来了很高的荣誉，第四十五步兵师以伤亡 300 多人的微小代价俘虏了 5.3 万名意军，击落 190 架飞机，缴获 67 门火炮，还缴获了来不及逃走的大部分船只。

巴顿亲自指挥的巴勒莫战役，是机动战役的一个范例。他在日记中写道："将来指挥与参谋学院的学员应把巴勒莫战役当作使用坦克的典范。我把坦克远远地放在后面，这样敌人就不知道在什么地方使用坦克。而后，当步兵攻破敌人阵地时，坦克蜂拥而上。这种方法能保证胜利，减少损失，但是要想这种方法获得成功，需要优秀的指挥官。"

巴顿谦虚地将此功归于暂编军军长凯斯将军，他说："凯斯将军在巴勒莫战役中展现了完美的指挥才能和魅力，他应该受到赞扬。"

7 月 24 日，英军第八集团军司令蒙哥马利考虑到形势越来越严峻，如果继续按照原计划作战，英军官兵将不得不付出更大的流血牺牲。于是，蒙哥马利主动向盟军登陆部队总指挥亚历山大建议，改由美军第七集团军主攻墨西拿，因为该军团在更佳位置上，可以迅速结束西西里岛战役，避免更多人员伤亡。

同一天，法西斯党最高委员会在威尼斯的帕拉举行大评议会，与会者全都身着黑色制服。意大利法西斯党卫队首领格兰第在出席大会时，早已将一切办理妥当。尽管墨索里尼的贴身护卫已被解除，在多年的高压政策和恐怖手段生活下的谋反者们，心里依旧隐隐发抖，凝视着进入会场的"领袖"。

大会开始，墨索里尼首先对心事各异的委员们发表了长达两个小时的演说。他最后说："战争往往是一个党的战争，是希望战争的那个党所进行的战争；同时战争也往往是一个人的战争，是宣战的那个人所进行的战争。如果把今天的战争称作墨索里尼的战争，那么1859年的战争可以称之为加富尔的战争。现在是加强统治和承担必要责任的时候了，当我们的国家和领土完整正受到侵犯的今天，我以我们国家的名义可以毫无困难地变动人事、加强控制和调动一切尚未使用的力量。"

墨索里尼一通漫无边际、推卸责任的演说结束后，会场出现了短暂的沉默，党内的反对派、那些激进的法西斯党徒们相继发表了声讨墨索里尼的演说。格兰第提出一项决议案，请求国王掌握更大的权力，并且要求国王摆脱不问国事的地位，出来承担应有的责任，让墨索里尼体面下台。格兰第还发表了一篇被墨索里尼称为"猛烈抨击的演说"，"一个久怀怨恨的人终于发泄积愤的一篇演说"。

大会辩论一直持续到午夜，这时法西斯党常务书记斯考尔佐提议休会，明天继续进行。格兰第跳了起来，大声喊道："不行！我反对这个提议。我们好不容易才开始了这场辩论，就一定要把会开完！"

大会争论持续了9个小时。在举行投票表决时，已经是次日凌晨2时多。最后表决时，19人支持格兰第，7人支持墨索里尼，就连墨索里尼的女婿齐亚诺也支持格兰第，从而否定了墨索里尼作为领袖的专制独裁的地位。

关于当时会场上的情况，墨索里尼在回忆录中作了这样的叙述："大委员会每个成员的态度，甚至在投票以前就已经可以看得很清楚了。有一群叛徒已经和国王勾结在一起，再有一群是合谋者，另有一群不明真相的人，他们也许并不理解投票表决的严重性，但是也同样投了票。"

大会即将结束时，墨索里尼像个气急败坏的野牛，站起来厉声说："你们已造成了政权危机，简直糟糕透了！"

"向领袖敬礼！"忠实于墨索里尼的斯考尔佐立即高喊道。墨索里尼摆了下手，阻止了他，以伤感的语调说："不必了，你是可以原谅的。"

大会宣告结束，大家沉默地散去。墨索里尼完全忽视了来自各方的威胁，他认为自己完全有能力应付当前发生的一切。

当晚，没有人入睡，一场逮捕墨索里尼的预谋在暗中紧锣密鼓地进行。宫廷大臣阿奎罗纳和总参谋长安布罗西奥负责执行这一任务。他们首先接管了电话局、警察局和内政部等要害机构，然后派出军事警察在王室别墅和威尼斯宫附近的隐蔽地点密布了岗哨。

7月25日，是个星期天，罗马碧空如洗，除了不时有几架盟军的飞机在上空盘旋外，一如既往。墨索里尼像往常一样若无其事地走进办公室开始工作，之后又巡视了罗马几个遭到轰炸的地区。对于即将发生的一切，他完全蒙在鼓里。法西斯党常务书记斯考尔佐向墨索里尼报告说，有些委员昨夜散会后没有回家，有的人想法还在改变。墨索里尼以惯常的自信说："现在他们想反悔？可惜已经太晚了！"

午后，墨索里尼请求觐见国王维克多·埃曼努尔三世。下午5时，国王接见了他。墨索里尼在回忆录中写道："我认为国王会撤回他授予我的关于指挥武装部队的权力，我在不久前曾经考虑要放弃这个指挥权。所以，我走进别墅时，心中没有感到任何不祥的预兆，现在回想起来，当时的心情真可以说是毫无怀疑。"

然而，当墨索里尼到达国王寓所时，他看到各处的军警都增加了。在这样一个如此炎热的下午，国王竟然身穿大元帅制服站在门口。国王把墨索里尼引进会客厅，墨索里尼向国王汇报了昨天会议的情况。

听完汇报后，国王说："我亲爱的领袖，情况非常不妙。意大利已经走上了分崩离析的道路。军队士气一落千丈，士兵们不愿意再打下去了……大评议会的表决太可怕了——赞成格兰第的动议的竟有 19 票之多。而在这些投票人中，有 4 个人竟是'天使报喜勋章'的获得者！……此刻，你在意大利是大家最痛恨的人。你能够依靠的，最多不过一个朋友。现在你只剩下了一个朋友，而这个朋友就是我。这就是我为什么要告诉你，对于你的个人安全，用不着担忧，我会保证你的安全。我已经决定，你的职位由巴多格里奥元帅接替。"

面对突如其来的变化，墨索里尼惊得目瞪口呆。停了片刻，他铁青着脸，竭力保持镇定："你正在做出一个极端错误的决定。目前的危机将使意大利人民认为，那个挑起战争的人一旦被解职和平就在望了。然而，这对军队士气的打击将是非常严重的，这个危机将被看作是丘吉尔与斯大林的胜利，特别是斯大林的胜利。我能深深体会到人民的怨恨。就在昨天晚上，在大评议会上，我清楚地看到了这一点。一个人统治了这么久，国家遭受了这么多的牺牲，这不能不激起愤恨。不管怎么说，我祝愿控制目前局势的人幸运。"

当国王把墨索里尼送出大厅时，昔日这个不可一世的大独裁者，如今脸色苍白，显得比平时矮小了许多。

墨索里尼独自一人心情沉重地走出皇宫，正要走向自己的汽车，却发现汽车和司机不见了。突然，一个警察上尉拦住了墨索里尼："国王陛下派我负责保护您的安全。"警察指着停在附近的一辆救护车对他说："我们乘那辆车！"墨索里尼和他的秘书一同上了救护车。除了那个上尉，还有2个中尉、3个国家警察和2个便衣警察，他们也一同上车，坐在车门口，拿着机枪。车门关上后，救护车疾驰而去。

墨索里尼坐在救护车里，天真地以为国王是在保护自己。最后，他被带到一幢警察卫队的驻地。一小时后，一位陆军军官带来了巴多格里奥元帅的信，信中说，"留住"墨索里尼一事，只不过是为了他的安全着想，据可靠情报，有人计划暗杀他。信的末尾说："如果墨索里尼有自己愿意去的地方，可把他安全地送到那里。"墨索里尼表示想回老家，还表示今后决不干涉朝政。然而，为时已晚，意大利国王等人已决定不让墨索里尼去他想去的地方，当然更不会同意他回老家。

25日傍晚，意大利国王命令巴多格里奥这个在1940年因希腊战争失利而被墨索里尼撤职的陆军元帅，组织一个包括军事首脑和文官的新内阁。当晚，巴多格里奥向全世界广播了这个消息："尽管在被攻占的省和被摧毁的城市里人民伤亡惨重，但战争还是要继续下去，意大利要信守诺言。国王陛下已经接受墨索里尼辞职，同时任命巴多格里奥元帅接替他的职务。"

◎ 德军接管一切

就在巴多格里奥宣布"墨索里尼辞职"的同一天，盟军副总司令、第十五集团军群总司令亚历山大召开了一次协调会议。会议决定布莱德雷的第二军向东突进。这样一来，原来英军主攻、美军掩护其侧翼的作战计划随着战局的发展改为美军主攻、英军掩护其侧翼。蒙哥马利尽管非常不愿意，但也没有办法，战场永远属于胜利者。与英军相反的是，美军摩拳擦掌，斗志昂扬，准备在接下来的日子里大干一场了。

当墨索里尼下台的消息传到柏林后，希特勒大吃一惊。7月29日是墨索里尼的60岁生日，希特勒准备派帝国元帅戈林赴罗马进行正式访问，并庆祝墨索里尼的60大寿。没想到，这位"领袖"没等到自己的大寿就垮台了。希特勒连夜召集心腹开会，会议决定采取一切措施，营救墨索里尼，进攻罗马，并尽最大的可能支援垮台的意大利法西斯党。意大利与盟国一旦签署停战条约，德国就必须立即调整下一步的行动计划，解除意海军的武装，占领意大利的所有要塞，威慑在巴尔干半岛和爱琴海作战的意军。

德国总参谋部的效率非常高，很快便拟定了一份行动方案：

（1）"轴心"计划：德军接管或摧毁意大利舰队。

（2）"黑色 P"计划：德军占领意大利，解除意军武装。

（3）"司徒登特"计划：由德军空降部队的库特·司徒登特将军指挥伞兵占领罗马，并配合"橡树"计划恢复墨索里尼的"领袖"地位。

（4）"橡树"计划：组建特种突击队，营救墨索里尼。

希特勒命令德军抢占德意边境和意法边境的阿尔卑斯山所有山口。巴多格里奥政府和同盟国一旦签订停战条约，马上制订下一步计划，以便夺取意大利舰队，占领意大利的要塞，威慑意大利在巴尔干半岛和爱琴海的驻军。为此，德国统帅部从法国和德国南部调来 8 个师，组成 B 集团军，由隆美尔元帅率领，迅速占领上述地区。

根据"橡树"计划，德军成立了特种突击队，计划乘坐滑翔机发动偷袭，在几乎不可能成功的条件下，营救墨索里尼。特种突击队在队长斯科尔兹尼指挥下，利用复杂的情报网，经过缜密侦察，终于在一个多月后圆满完成了希特勒交给他的艰巨任务。墨索里尼做梦也没有想到，还能与老友希特勒见面。后来，在德国的扶持下，墨索里尼出任"意大利社会共和国"傀儡政府总理。

7 月 26 日，西西里岛的德军代替意军接管一切，加强了该岛的防御力量，以达到抵抗盟军进攻墨西拿的目的。此时，德军在西西里有 3 个得到增援的师——"戈林"师、第十五装甲师和第二十九装甲师。另外，第一空降师的2 个团也并入了"戈林"师，4 个意大利机动师中有 2 个齐装满员，完好无损，另 2 个则已被歼灭。直到像希特勒听说的，德军在西西里投入的坦克和重炮比隆美尔在北非的任何时候所有的还要多。

西西里岛德意军总指挥赫布在岛上建立了一条曲线性防线，它从东北海岸的卑斯特凡诺经尼科西亚、阿吉拉和卡泰纳塔瓦延伸到东海岸的卡塔尼亚以南 10 公里处。另外，还有两条防线，即"旧赫布线"和"新赫布线"，准备在桥头堡不可避免地收缩时，用作停留阵地。这意味着盟军将来的战斗不是变得越来越容易，而是变得越来越困难了。德军正在制订一个明确的计划，并且正在把兵力集中在一个十分适宜防御的、断裂的和没有道路的地区。在这样一个地区，英国的装甲部队是没有用武之地的，而墨西拿海峡的防守者，则是防御战专家巴德上校。巴德作为墨西拿海峡卫戍司令（7 月 14 日担任此职），组织了集中指挥的非常有效的对空和对海防御系统。

与此同时，凯塞林对西西里岛的兵力进行了重新部署，以阻止英军第八集团军向墨西拿发动进攻。德军"戈林"装甲师被调往东部的卡塔尼亚，第十五装甲师在恩纳附近阻止美军第七集团军北进，新调来的德军第二十九装甲师部署在埃特纳火山西南。这样，德军 3 个装甲师就构筑了从恩纳到卡塔尼亚的坚固防线。至此，墨西拿海峡的控制和防御已经完全"德国化"，并且随着战斗的进展，德国人完全接管了作战指挥。

这样，蒙哥马利的第八集团军在东南部就面临着由"那不勒斯"师和"里南那"师组成的第十六军、若干较小部队、"戈林"装甲师以及第十五装甲师的一个步兵群。蒙哥马利的目光停在了地图上平坦的卡塔尼亚平原，这里是理想的空降地域。占领整个平原，卡塔尼亚和那条羊肠小路将成为囊中之物，10 天内就能赢得西西里战役的胜利。

亚历山大敏锐地意识到德军的调整意味着什么，看来蒙哥马利的好日子已经到头了。亚历山大向大不列颠总参谋长布鲁尔报告："我打算派第十三军经由卡塔尼亚方向进攻墨西拿，并派埃特纳火山西面的第三十军先到圣斯特凡诺海岸，然后再转回来进攻墨西拿。"

蒙哥马利指挥第十三军拼力攻打卡塔尼亚，145架飞机载着英军第一空降旅1900名士兵从突尼斯出发，在卡塔尼亚空降，配合地面部队发动进攻。然而，英军多次向卡塔尼亚的进攻均以失败告终。德军"戈林"装甲师和第一空降师进行了顽强抵抗，牢牢控制着从卡塔尼亚通向墨西拿的海岸公路。崎岖的地形使盟军的轰炸起不了太大的作用，蒙哥马利费尽心机仍然一筹莫展，只能一寸一寸地争夺阵地，几乎每一寸阵地都染上了士兵的鲜血。英军第三十军的情况也好不到哪儿去，他们虽然英勇作战，仍然寸步难行。此时的英军疲惫不堪，加上天气炎热，疟疾开始流行，只得停止进攻，固守待援。

这一天，美军占领了圣斯特凡诺和尼科西亚，而从南面开上来的英军第三十军加拿大师则占领了阿吉拉。然而，从7月26日起，这条防线起了新的变化，因为墨索里尼于7月25日被赶下了台。

由于德意军队把主力放在了埃特纳地区，巴顿倒是捡了个便宜。美军在进攻途中遇到的阻力大大弱于英军，主要困难是翻越崎岖的山谷和险峻的山峰。为了早日拿下墨西拿，巴顿发了疯似的催促队伍快速前进，甚至不顾司令官的身份，登上第一辆坦克为全军开道，好几次差点翻落悬崖。然而，巴顿一点儿也不在乎，依然挥舞着手杖，叼着雪茄，大声吼叫着命令士兵猛冲。布莱德雷的第二军在占领北部的佩特拉里亚后，迅速掉头东进，沿北海岸公路直扑墨西拿。

当初，英军受阻于埃特纳火山下，停留在卡塔尼亚平原上的英军受到瘟疫的袭击，减员严重，无疑给了巴顿一个乘虚攻入西西里岛首府巴勒莫的机会。如今，巴顿想拿下墨西拿，就不得不领教一下防守在西西里东北部这个多山地区的德军第十五装甲师的厉害。由于地势崎岖不平，易守难攻，德意军队每撤退一步，战线就缩短一些，只要部署少量守军就足以抵挡一些时日。驻守该地区的第十五装甲师是希特勒亲自指定防守西西里最后一个港口的精锐师，该师训练有素，装备精良，能利用有利地形和饱满士气发动猛烈反击。

在德军寸土必争的抵抗下，美军同样遇到了强有力的抵抗，巴顿的第七集团军推进缓慢。随后一周内，战况的发展也许是这位相信速度就是优势和战斗力的将军在这场战争中第一次遇到的麻烦，用焦头烂额来形容这位"血胆将军"此时的境况，一点也不为过。从此时，直到 8 月 6 日，美军再也无法前进一步。

◎ 拼命抵抗

7月27日，意大利新任总理巴多格里奥下令将墨索里尼拘禁在蓬扎岛上。后来，为了防止德军从蓬扎岛将墨索里尼救走，又将他转移到北方海军基地，最终被转移到意大利中部萨索山峰的"康坡王"大饭店。

墨索里尼，这个当代罗马帝国的恺撒大帝，就这样可悲地结束了他在意大利21年的独裁统治。这个在20世纪一贯进行好战叫嚣的人物，懂得如何从混乱和绝望中获利，其实他是个金玉其外、败絮其中的人物。他博览史书，自以为懂得历史的教训；他注意研究各国情况，自以为懂得国际知识。然而，作为一个独裁者，他犯了一个致命错误：想把一个缺乏工业资源的国家变成一个富于侵略性的强大军事帝国。墨索里尼像所有的独裁者一样，被野心、权力冲昏了头脑，而权力又必然骄纵了他，腐蚀了他的思想，毒化了他的判断力。

墨索里尼犯的另一个致命错误是，把自己和意大利的命运同德意志第三帝国的命运紧紧连结在一起。当丧钟开始为希特勒的第三帝国敲响的时候，也敲响了墨索里尼意大利的丧钟。1943 年夏天来临时，墨索里尼已听到这个不祥的钟声，但是他无法逃脱命运的安排。而此时，他成了希特勒的俘虏。

墨索里尼的结局完全出乎他的意料，他认为只要在世，就没有人敢在他的头上动土。的确，他得势时曾拥有数以百万计的军队和人数众多的保镖。但是，当他被押上囚车时，没有一个人来救他，甚至法西斯民团也没有这样做，也没有一个人来替他辩护。相反，大家对他的垮台击节称快。法西斯主义也像他的创始人一样，轻而易举便被瓦解了。法西斯党被解散，法西斯分子被撤销了重要的职位，反法西斯人士从监狱里被释放出来。

墨索里尼的垮台，在柏林，在纳粹统治集团内部引起了强烈的震惊。他们意识到，罗马发生的事件也许开创了一个可怕的先例，这尤其令希特勒感到不安。

这一天，德军南线总司令凯塞林命令第十四装甲军军长赫布尽快撤离西西里岛。与此同时，向东突进的美军第二军攻占了圣斯特凡诺和尼科西亚。

7 月 31 日，巴顿下令第一步兵师向塞拉米和特罗伊纳发起进攻。在南翼，第一师迅速攻占了塞拉米，到达距特罗伊纳 8 公里处。第一师猛攻德军的抵抗中枢，其先头部队已经推进至该市近郊，但随后即遇到德军的顽强抵抗。第一步兵师师长艾伦骄傲自大的毛病妨碍了对敌情的判断，由于错误地低估了敌人的实力，未战先失一招儿，结果损失惨重。

日落时分，美军第二军军长布莱德雷向巴顿报告："艾伦的第一步兵师遭到德军猛烈反击，被迫退回进攻出发线。"

"该死的！"巴顿勃然大怒，艾伦不服从命令的粗暴个性，已使巴顿对他越来越反感，"艾伦总是这样，简直不可救药！"

"不，我的将军，"布莱德雷为艾伦辩护，"进军受挫不能全怪艾伦，特罗伊纳的防御比我们预想的要坚固得多，德国人在那里拼命抵抗。"

这一天，坏消息接踵而至。德意联军给了盟军另一个有力打击。凌晨4时，德国空军空袭了巴勒莫海港，轰炸造成的大火将全城照得通亮。美军舰只损失一小部分，一艘军火船中弹爆炸，幸运的是安然无恙。另外，第四十五师在圣斯特凡诺依然寸步难行；空军部队对第七集团军的支援很不协调，常常轰炸己方部队。美军伤亡惨重，减员严重，有的部队没有军官替补，只好由军士充当排长指挥战斗。伤亡人数直线上升，却得不到补充。

8月1日，巴顿发布第10号普通命令《告第七集团军全体及第二十二空援部队全体官兵书》。

第七集团军及第二十二空援部队全体官兵：

在海军、空军的协助下，你们已成功登陆，并在4天里克服了一切困难，连续作战，击毙和俘虏87000多敌兵，摧毁和缴获361门加农炮、172辆坦克、928辆卡车、190架飞机。你们是了不起的战士，总司令艾森豪威尔将军和集团军司令亚力山大将军为你们的战绩感到欣慰和骄傲！

你们和英军第八集团军正乘胜追击。你们仍将所向披靡，胜利终将属于我们。接下来，我们的目标是，拿下墨西拿！

美国陆军中将乔治·巴顿

这一天，美军第二军第四十五师和第一师分别在圣斯特凡诺和特罗伊纳转入防御。

8月2日，沿海岸公路东进的美军第三师师长特拉斯科特报告，德意联军的地雷和轰炸迟滞了第三师向前推进的速度；第一师师长艾伦再次报告说，在德军顽强的抵抗下，第一师包围和占领特罗伊纳的努力宣告失败。艾伦在战斗中的表现令巴顿和布莱德雷非常失望。布莱德雷说，在如此紧张激烈的战斗中，艾伦旧习未改，目无纪律，擅自行动，不执行上级的命令，甚至公然违抗。身为军长的布莱德雷有时不得不直接过问该师的战术计划。在登陆战初期，第一步兵师战绩是很好的。

8月3日，意大利的巴多格里奥政府提出了一个和平建议。这项建议与英国驻里斯本大使吉姆·贝尔有关。在此之后，英国驻西班牙大使霍尔与巴多格里奥的代表卡尔特尔亚诺将军之间的关系也在8月15日建立起来。意大利声称，已经准备"在能够加入同盟国的条件下无条件投降"。苏联政府截获英、美两国与意大利人进行会谈的情报。苏联坚持要建立一个由苏联、美国和英国代表组成的军政委员会，集体审议那些从德国法西斯阵营中脱离出来的国家代表进行会谈等问题。斯大林在给罗斯福和丘吉尔的信中明确指出：以第三者的身份得到两个大国背后勾结的情报，苏联政府不打算再容忍这种局面继续下去。

同一天，美军战况仍不见好转，巴顿在他的司令部里再也待不下去了。他离开巴勒莫，在紧靠塞拉米的地方建立了他的前线司令部，而第一步兵师的指挥所就设在塞拉米的一所旧校舍内。然而，在第一师的所见所闻令巴顿大吃一惊。师长艾伦和副师长小西奥多·罗斯福之间发生了矛盾。艾伦个性强，慢吞吞的指挥作风和抗上的脾气常使巴顿生气；小西奥多·罗斯福将军是美国第二十六任总统西奥多·罗斯福的儿子、第三十二任总统富兰克林·罗斯福的堂兄，也是位个性很强的军人，他平易近人和有人情味的作风深得士兵喜爱。两位将军在第一师各有自己的拥护者，两者之间出现的矛盾冲突加剧了第一师的混乱。在两位将军的溺爱下，第一师官兵产生了居功自傲、不愿服从命令的情绪。

"布莱德雷将军，第一师的情况简直太糟糕了。"巴顿忧心忡忡地对第二军军长布莱德雷说，"他们对过去的战绩自命不凡，对眼前的逆境则悲观失望，可能是因为他们在突尼斯和西西里两次战役中都首当其冲，吃够了苦头，现在已经变得感情冲动，乃至不听指挥了。知道我今天的感受是什么吗？纪律松弛，不服从上级！"

"艾伦应负主要责任。他太自以为是，在战争这个群体活动中很难合群。他的士兵对艰苦的斗争感到灰心丧气，各自考虑自己的命运，这同艾伦放任自流的做法不无关系。"布莱德雷如实对巴顿说。

"不错，我很敬佩艾伦的勇敢和能力，所以说服艾克（编者注：艾克是艾森豪威尔的昵称）让他参加西西里战役。他在特罗伊纳战斗之前取得的那些胜利，说明没有辜负我对他的信任。可是，我实在不能容忍他的个性和喜欢顶嘴的脾气，我决定了，找个机会把他调走。"

布莱德雷心中暗喜，急忙补充："副师长小西奥多·罗斯福应该和艾伦一起调走，他的毛病在于过分宠爱这个师，他和艾伦之间的矛盾，加剧了全师的混乱。"

"就这样定了。我授权你处理这个问题。"

看着巴顿一脸不快的样子，布莱德雷知道，他在为目前的僵局犯愁。很久以来，美国人一直受英国人的轻视和奚落，若能抢在蒙哥马利之前进入墨西拿，无疑将大长美国人的志气。然而，照现在这个局势，美国人的希望肯定要落空了。

特罗伊纳的战斗打得如此艰苦，是美军第一步兵师师长艾伦始料未及的。该地区地形之坎坷，德军防线之坚固，是他之前没有遇到的。加上美军内部经常出现盲目乐观情绪，以及情报上的误差，在进攻的头3天连吃败仗，艾伦有点发蒙。经过艰苦战斗，第一步兵师好不容易在8月3日占领了关键制高点巴西利奥山。

3日中午，德军便开始反扑，企图夺回巴西利奥山头，先是猛烈的炮火覆盖，随后德军步兵发起进攻。美军步兵和机枪手在密集炮火的有效支援下，顽强抵抗，粉碎了德军企图重新夺回这一关键山头的反攻。然而，巴西利奥山的侧面易于遭受纵向射击，艾库托山和特罗伊纳地区的德军不断猛轰巴西利奥山的美军。占据巴西利奥山的美军尽管成功守住了阵地，但他们已无力发动反攻，切断特罗伊纳以北的公路。艾伦觉得必须在其他方向采取行动，便命令第三十九步兵团先锋营进至距迪塞索山800米处。团长弗林特一口答应："那里现在无人防守，如果你愿意，我们就占领它。"

3日傍晚，当美军一个连开始向巴西利奥山头进发时，突然遭到德军炮火袭击，接着德军步兵进行反击，击溃了美军部队，将其打回出发地。其实，德军曾在电文中谈到他们的意图，但是第一师司令部的情报人员已关机睡觉了，未能截获该情报。在战斗打响的一个半小时前，美军第二十六步兵团觉察到德军正在其右翼渗透。团长波温上校当即向师指挥部报告了这一情况，但师部显然未能把这一情报告诉第三十九团，更为奇怪的是，师长艾伦也不知道这一变化。到进攻发起的第 4 天，第一步兵师尽管没有占领特罗伊纳，但还是取得了一些重大进展。第十六步兵团和第三十九步兵团曾一度被德军的反击击溃，但他们牢牢守住了威胁着特罗伊纳城的阵地。而占据巴西利奥山的第二十六步兵团可以对特罗伊纳以外的第 120 号公路实施远距离拦阻射击，进而破坏德军的交通运输。

3 日晚，美军第一师师长艾伦命令已投入战斗的部队连同从南部调来的援军，再次发起进攻。

他指示第十八步兵团团长史密斯上校，将其第二营调往前面，负责右翼地区。这样，史密斯不仅指挥自己的 2 个营，同时还指挥已在该地作战的第十六步兵团第一营。艾伦希望，通过在两翼部署两个团来对德军形成钳形攻势：第十八步兵团在南面，第二十六步兵团在北面，第十六和第三十九步兵团在中央。艾伦知道这几天的进攻给德军第十五装甲师造成的损失，应该会对部队增加一些必胜的信心。

3 日夜，德军第十四装甲军已将其最后一支预备队派给了第十五装甲师。德军第十四装甲军军长赫布不仅密切注视着特罗伊纳的局势，他还留意着紧挨南面的地段，英军加拿大师正在那里沿 121 号公路前进。早在 7 月 30 日，在一阵猛烈的炮火准备后，加拿大部队便猛打猛冲渡过了迪泰诺河，为新近抵达的英军第七十八师提供了一个桥头堡。接着，英军在左翼的雷加布托和右翼的森图利普发起进攻。德军这两个在阿德诺防区的主要前哨，分别于 8 月 2 日晚和 8 月 3 日早上落入盟军手中。如果英军越过雷加布托施加压力并切断特罗伊纳－阿诺德公路，赫布将面临加拿大师向北转、切断特罗伊纳以东 120 号公路的危险。在这种情况下，德军第十五装甲师的撤退势在必行。不过，赫布实在舍不得放弃特罗伊纳堡垒，只要德军能保留一条东撤的路线，他就打算坚守下去。英美盟军尽管已经严重威胁到埃特纳防线，并没有攻克它。德军撤离西西里取决于尽量长时间地守住埃特纳防线，赫布决心尽全力做到这一点。

8 月 4 日，也就是特罗伊纳之战的第五天，美军第一步兵师的处境仍然没有改变。德军在 120 公路以北成功发动了一次反攻，美军损失惨重；公路以南的德军也顶住了美军的攻势，守住了阵地。中午，第一步兵师的进攻受阻，迫切需要援助。

午后，英美盟军 36 架飞机对德军阵地实施大规模空袭。下午 5 时，盟军第 2 批 36 架飞机再次支援步兵作战。整整一个下午，美军飞机和大炮重创特罗伊纳及其周围高地的德军。不过，阿库特山的德军逃脱了，飞行员没有发现这个目标，但这已经足够了。盟军的空袭及强大的炮兵火力轰击压得德国人抬不起头来，德军的抵抗被大大削弱了。

美军第一步兵师的 4 个团利用德军削弱之际迅速突击，猛攻几个俯瞰全城的高地，并且在南面取得较显著的战果。第十八步兵团一部消灭了当面之敌，直捣南面的特罗伊纳通路。同时，加拿大师越过雷加布托发起攻势，渡过特罗伊纳河，牢牢控制了特罗伊纳－阿德诺公路一段。然而，第一步兵师的优势没保持多长时间。第二军军长布莱德雷命令正向尼科西亚推进的埃迪第九师准备接替第一步兵师。

第六章

疯狂的"蛙跳"

丘吉尔曾以赞美的口气说:"我们从来没有任何一次进军成功地使用过这种海上攻击的策略。"然而,最有发言权的是英国海军上将坎宁安,他说:"许多理论可以证明这种海陆两栖作战是不合理的,但是事实证明,这种战法可以节省许多时间并减少伤亡。只有陆军将领才能指挥这样的战斗,而海军只能配合。"

◎ 谁拖了盟军后腿

8月5日，德军的防线仍然完整。然而，德军第十五装甲师师长罗特将军知道，他在特罗伊纳坚持不了多久了。部队损耗严重，官兵疲惫不堪，于是，他请求第十四装甲军军长赫布批准他撤到5000米外的一条新防线上，却遭到拒绝。

罗特最担心的是，特罗伊纳以北美军部队的威胁，尤其是巴西利奥山上的第二十六步兵团，他们正在攻击该城以东的120号公路。为阻止美军切断第十五装甲师撤出特罗伊纳的唯一逃路，罗特竭尽全力对付公路以北的第三十九步兵团。他担心同左翼的"戈林"师失去联系，该师在英军第三十军的打击下，正缓慢地向埃特纳山撤退。英军对罗特的第十五装甲师左翼仅仅实施了微小的突破，但是他知道德军在岛上已经没有后备部队了，怀疑"戈林"师能否长时间地顶住英军的攻势。

赫布接到罗特要求后撤的电报后，一口回绝。他必须遵照希特勒的指示，待更多部队撤到东北部之后，再考虑撤退问题。他担心后退一步，就会再也顶不住盟军的推进而一路败退下去。然而，形势十分严峻，看来不撤是不行了。

5日傍晚，德军整个防线局势紧张起来：第十五装甲师的作战效能大大降低，没有预备队，盟军已突破塞萨罗地区的埃特纳防线，有可能在德军的后部实施登陆。于是，赫布接受了罗特的建议，决定撤到一条较短的防线。这条防线从埃特纳山后东海岸的加利延至北海岸的奥兰多角，赫布命令部队边打边撤，希望在新防线能再坚守一个星期。

5日夜，德军东部和中部战线的部队奉命撤走。东海岸的"戈林"师其实在前一天夜间便开始从卡塔尼亚撤退，只留一支后卫队抵御英军。这一天夜间，德军第十五装甲师开始从特罗伊纳撤走，沿120号公路向塞萨罗移动。

美军巡逻队发现了德军的撤退迹象，但是第一步兵师师长艾伦吃尽了苦头，仍然小心翼翼地制订了8月6日的进攻计划。计划详细规定了骚扰和火力准备的任务，要求至少派72架轰炸机轰炸特罗伊纳东面最后半英里的公路，并对远至兰达佐的公路进行扫射。不过，艾伦还是将进攻时间延至中午，德军如果这个时候撤退，就放他们走。

同一日，英军第十三军进抵埃特纳火山与海之间的狭长地带，而第三十军则进抵火山另一侧的丘陵地带，与进抵尼科西亚的美军相呼应。鉴于英美两军的钳形攻击，即将形成对德军的合围，德军为避免被围，主动撤向阿德拉地区。德军有计划地边打边撤，在撤退途中，一面组织部队不断依托有利地形进行阻击，一面在桥梁和道路上布设大量地雷和爆炸物。

这一天，意大利巴多格里奥政府派代表开始与盟国在西西里岛秘密谈判。

意大利急于和盟国媾和，为了避免驻守的德军发动政变，仍假装继续与盟军作战。同时，意大利新任外长古阿里格利亚为消除德国人的猜疑，与德国外长里宾特洛甫举行会谈。会谈后，意大利发表的公报比以前更加明确地宣布，意大利仍然是德国"最忠实的盟国"。然而，这是意大利做出的一种虚假的姿态。当时，意大利各个阶层渴望和平，特别是盼望早点摆脱德国的控制。意大利政府要求盟军在罗马北部登陆，同时派一个空降师空降罗马。

8月6日拂晓，德军全部撤退。8点以后，美军第十六步兵团巡逻队进入特罗伊纳，仅仅遇到一些零星抵抗。特罗伊纳战场遍地尸体，满目疮痍，只有几百名市民出来迎接美国人，大部分人早就逃进山里。

下午，美军第一步兵师师长艾伦将特罗伊纳移交给第九师师长埃迪，第四十七步兵团绕过特罗伊纳前往塞萨罗。与此同时，师长艾伦和副师长小西奥多·罗斯福交出了第一步兵师的指挥权，接替他俩的是许布纳少将和怀曼上校。艾伦返回美国指挥第一〇四步兵师，后来他率领该师在西北欧取得了不错的战绩；小西奥多·罗斯福先是在意大利担任第五军联络官，后来任第四步兵师副师长，并参加了1944年的诺曼底登陆战役，并获得荣誉勋章。

6日傍晚，德军第十五装甲师在塞萨罗西部占领防线，而大部分重型装备已经上路前往墨西拿，准备撤离西西里岛。

同一天，英军第十三军占领卡塔尼亚。此时，蒙哥马利已经做好艰苦作战的心理准备，他甚至把已经抽出来准备进入意大利本土的第五师又调回了前线。正在密切注视着英军行动的巴顿尽管表面平静，然而参谋人员已经觉察出他承受着越来越大的压力。因为在巴顿的心灵深处，蒙哥马利是美军的精神上的竞争对手。战争造就英雄，巴顿和蒙哥马利被这场战争铸造成美国和英国的民族英雄。西西里登陆战打响以来，这两位各自国家军队的杰出代表既成为并肩同法西斯敌人作战的盟友，同时两人之间也在进行着暗中的较量。

巴顿把占领墨西拿看作是英美两国军队的重要竞赛，不管出现什么困难，遭遇何等伤亡，美军必须获胜，只有这样，才能扭转世界对美军的看法，也才能证明美利坚的军队是世界上最优秀的军队。同时，作为美军将领，以胜利来回报自己的国家是义不容辞的天职，他必须也只能这样做。美军8月初不仅未能突破德军设置的防线，反倒遭到重大伤亡，战役计划难以按时完成。更重要的是，蒙哥马利已经取得重大进展，如果美军战况仍无好转的话，美军就得为未完成战役任务而受到世界的指责，而巴顿注定会成为这场竞争的失败者。

巴顿不能忘记，艾森豪威尔曾来过巴勒莫，在巴顿华丽的宫殿办公室与他会晤，并同战地记者进行了交谈。记者曾提醒艾森豪威尔，他曾在不久前告知他们："两周之内也许可以结束战斗。"艾森豪威尔笑着答道："我是一个天生的乐观主义者，显而易见，时间要比我们预计的稍长一些。"

摆在巴顿面前的情况是，虽然他曾彻夜不眠地考虑扭转战局的方案，却找不到任何圆满解决的办法，在德军第十五装甲师的防线面前，仍然束手无策。巴顿不得不承认这样一个现实：自己拖了盟军的后腿。

◎ "蛙跳"，让巴顿一战成名

英军的顺利进展刺激了巴顿和他的第七集团军。巴顿阴沉着脸对第二军军长布莱德雷说："我的将军，蒙哥马利已经渡过了萨尔索河，正在向北追击'戈林'师。我们却还在这里停滞不前，不能再这样下去了。"

"这个问题，我已经反复考虑过了，有个办法不妨一试。"

"什么办法？快说。"

"我们可以动用巴勒莫的小型海军部队，对北部沿海公路之敌的防御阵地实施'蛙跳'式两栖登陆。"

"这个主意不错，陆路不通，我们改走水路，这是我们的优势。"

"可是，'蛙跳'有很大风险，"布莱德雷提醒，"我们必须严格控制行动的规模，否则部队会受到灾难性的挫折。"

"不会这么严重吧。"巴顿显然比布莱德雷乐观得多。

在德军开始撤离特罗伊纳的当天，巴顿将他的指挥部移到海边的一片橄榄树林，这里距前线更近，处于敌军炮火射程之内。指挥部刚安顿好，德军就开始了炮击。弹片呼啸着从头顶飞过。参谋长盖伊不无担忧地反问了一句："将军，我们的指挥部是不是太靠前了？"

"不！只能这样。我必须尽可能接近'蛙跳'进攻地点。"巴顿眼皮都不眨，但内心很不平静。他焦虑的不是自己的危险处境，而是特拉斯科特的第三师的进展速度太慢。

8月7日，巴顿迫不及待地策划了第一次水陆两栖包抄行动。他命令第三十步兵团第二营改编成一支小型的水陆两栖部队，在圣阿加塔以东大约3公里的海岸登陆。第二营于夜间开始进攻，到8日凌晨4时，就把战线向东推移了近20公里，迫使德军不得不迅速后撤。

接着，巴顿又策划了第二次水陆两栖包抄行动，并把第二军军长布莱德雷叫来一起拟定作战计划。巴顿和布莱德雷经过酝酿、讨论，很快形成了一份登陆战役计划。该计划的要点大致如下：行动目标是布罗洛，特拉斯科特率第三师步兵由陆路实施进攻，第二营在德军后方20公里的布罗洛强行登陆，届时两军会合，从侧翼包围德军在扎普拉河设置的下一个沿海公路屏障。之后，盟军就可沿海岸水陆齐进，冲向墨西拿，围歼西西里的残敌，夺取西西里战役的彻底胜利。

要实现上述作战计划，至少有两个困难问题亟待解决：（1）特拉斯科特的第三师在前进中受阻，并遭到德军猛烈炮击。第十五步兵团需要一队骡马才能通过这一带"险要山谷"，以夺取拿索南面的山脊。（2）战场地形引起的问题。在本部指挥所，巴顿能够用肉眼看见前线60毫米迫击炮，可以听见机关枪和步枪的声音，但是部队要抵达前线，却要耗去7个小时。

基于上述原因，美军第二军军长布莱德雷和第三师师长特拉斯科特研究后认为，水陆两栖也无济于事，除非和第三师的地面部队互相配合。然而，巴顿固执己见。当布莱德雷离开第七集团军指挥部时，巴顿的口袋中已装上了不容争辩的作战命令。

8月10日下午，美军第七集团军司令巴顿接到副司令凯斯将军的电话。凯斯有些迟疑地说："特拉斯科特要求你取消明天上午在敌后布罗洛的登陆计划。"

"为什么？"巴顿有些不高兴地问道。

"第三师未能赶来支援。"

"计划照旧，登陆必须进行。"巴顿刚扔下电话，没想到电话铃声又响起来："将军，我是布莱德雷，第三师不能及时赶到，建议计划推迟1天。"

"不行，没有商量的余地，我这就到你那里去。"巴顿丢下手头的事情，立刻驱车驶向布莱德雷的指挥部。他明白，时间是夺取胜利的重要因素。此时的蒙哥马利已经由东海岸绕过埃特纳火山，意大利军队不堪一击，墨西拿指日可待。巴顿认为计划不能再拖延了。在布莱德雷的指挥所，巴顿和布莱德雷讨论了登陆作战问题。巴顿再一次以不容争辩的语气告诉布莱德雷，必须按预定日期登陆。巴顿甚至许下诺言："此次战役若是打赢了，功劳归你；要是打输了，责任归我。这难道还不行吗？"巴顿都说到了这种地步，布莱德雷也就不好意思拒绝了。

然而，第三师师长特拉斯科特不打算改变注意，他于19时45分给巴顿打电话表明了自己的态度："我强烈抗议继续登陆。"

"必须继续进行！"巴顿以不容置疑的口气说。

"那好吧，如果你坚持要干。"特拉斯科特无可奈何地说。

巴顿勃然大怒，如果不是有人在场，他一定会破口大骂。他通知参谋长盖伊将军准备好汽车，以最快速度前往卡罗尼亚。伯纳德中校的登陆部队已经集合起来，待命上船。巴顿驶过那里时把盖伊留在港口，并严格命令他督促船只起航，盖伊只好下车留在拥挤喧闹的海滩上。

20时45分，巴顿走进了第三师师长特拉斯科特的指挥所。特拉斯科特焦急地在办公室里走来走去。戴维斯海军上校见气氛紧张，抓住机会向巴顿求情："我们出发晚了一个小时，不可能在凌晨4时前到达海岸。"

"就算你们不能及时到达，登陆也要按计划进行。"巴顿转身盯着特拉斯科特，"如果良心使你不愿意执行这次行动，我可以让别人来干！"

"这是你的权力。"特拉斯科特针锋相对。

"你害怕了？"巴顿语气稍微温和了一些，毕竟特拉斯科特是他最好的朋友之一。

"将军，我觉得你这是在侮辱我，你知道我并不是一个胆小鬼，你可以把我的师交给任何一个你喜欢的家伙。但是，你不会再找到像我这样能够执行他所不赞成的命令的人。"巴顿的话显然激怒了特拉斯科特。

"是的，他妈的，我并不想撤你的职，是我推荐授予你优质服务勋章和少将军衔的。这次行动如同一场比赛，怎么能随便延期呢？船只已经出发了。"

"可是，你知道，第三师必须在狭窄的通道上实施增援，有一段只能用骡马才能将大炮运过去。将军，我的步兵位置太靠西，不能及时在布罗洛会师。"

"要是步兵太靠西，你就应该让他们加快进军的速度。勇敢一点儿，我的老朋友！拿酒来，让我们为这次战斗的胜利干一杯！"巴顿鼓励着自己的朋友兼部下。

10日深夜，美军"蛙跳"式两栖登陆战如期进行。由1艘巡洋舰和3艘驱逐舰掩护2艘坦克登陆舰、1艘步兵登陆艇和7艘坦克登陆艇，运送伯纳德的第二营组成的650人的登陆编队开始向布罗洛发动攻击。正如布莱德雷和特拉斯科特担心的那样，当第二营涉水冲上海滩时，特拉斯科特的步兵还远在10里之外。

巴顿的确是在冒险。在伯纳德率领第二营冲上海滩3个小时后，伯纳德报告："情况不妙。"

这一天，发生了一件小事，可就是这件小事却差一点断送了巴顿的前程。在前线巡视的巴顿来到一所战地医院慰问伤员。在这些伤兵中，一个既无绷带又无夹板的士兵引起了巴顿的注意。他询问士兵受了什么伤。这个士兵回答："我的神经有病。"巴顿本就脾气暴躁，加上这一天收到的净是不好的战报，一气之下随手给这个士兵一记耳光，并斥责道："我的部队不允许有胆小鬼，我命令你立刻返回战场，否则我枪毙你！你根本不配和这些战斗英雄住在一起！"

然而，巴顿做梦也没想到，这记轻率的耳光给自己带来了难以想象的代价。巴顿打士兵事件，被视为严重违反军规，在军内外引起轩然大波。在国会，一些议员义愤填膺地指责巴顿侵犯人权。一位议员甚至要求将巴顿撤离欧洲战场，到西海岸的日本人收容中心。他认为，这位粗暴的将军在那里打"小日本"的耳光，那才算得上"人尽其才"。最终，在艾森豪威尔的祖护下，巴顿不得不向在场的所有护士、医生道歉，向在场的每一位找得到的伤病员道歉，最后向第七集团军一个部队一个部队地道歉。然而，美国记者们像苍蝇一样围着巴顿采访，几乎葬送了他的前程。后来，艾森豪威尔向华盛顿就"打耳光事件"为巴顿求助。美国陆军参谋长马歇尔又求助于陆军部长史汀生。史汀生向罗斯福总统指出："保留巴顿的指挥职务符合美国的最高利益。"罗斯福无奈地说："这件缺德事公开了，我可就要挨骂了。"最后，只好由史汀生出面为巴顿辩护，结果遭到了美国人民的责骂。

8月11日上午9时30分，德军开始向登陆的美军发起反击。下午1时40分，伯德纳请求援助，但是第七步兵团和第十五步兵团离指定位置还很远。下午6时30分，伯纳德命令部下给海军让路，这表明部队已经准备撤退了。此时，巴顿面临着输掉这场战斗的危险。

然而，就在这个紧急关头，援军终于赶到并夺取了纳索山，从东坡下去与伯纳德的第二营会合。晚上10时，消息传来，巴顿终于松了一口气。他整整一夜不曾合眼。这场战斗对于美军，对于他本人来说，实在太重要了。

8月12日凌晨，哈金斯上校给巴顿打来电话报捷，登陆获得圆满成功。德军被迫放弃从加利到奥兰多角的新防线，向东撤去，结果给兰达佐罗特将军的撤退造成混乱。德军第二十九装甲师急忙在罗特从兰达佐逃往北岸的必经之路——帕蒂的正前方构筑阵地。依托有利地形，德军不仅赢得了时间，而且保证了其撤退路线的畅通。

美军第二次"蛙跳"行动在巴顿的督促下就这样结束了，美军付出了高昂代价，伯纳德的第二营650人损失了177人，伤亡率高达27%，迫使德军提前一天放弃纳索山。这次两栖作战差点使德军第二十九装甲师全军覆没，由于伯纳德部队规模太小，且未能得到海上和空中的持续支援，以致未能全歼。这次作战再次疏通了第三师的前进道路，打击了德军的士气，是在海岸上进行的一次非常成功的登陆。德军失去了在西西里战役中防护墨西拿的最后一个防御阵地。至此，墨西拿已经毫无屏障地暴露在巴顿面前。

面对美军两栖登陆的成功，丘吉尔曾以赞美的口气说："我们从来没有任何一次进军成功地使用过这种海上攻击的策略。"然而，最有发言权的是英国海军上将坎宁安，他说："许多理论可以证明这种海陆两栖作战是不合理的，但是事实证明，这种战法可以节省许多时间并减少伤亡。只有陆军将领才能指挥这样的战斗，而海军只能配合。"

盟军之后的战斗变成了巴顿和蒙哥马利之间的速度赛，因为此时德意军队的抵抗已经微不足道。美军第三师师长特拉斯科特将军不敢松懈，督促第三师立刻追歼德军第二十九装甲师。然而，令第三师官兵没有想到的是，他们在纳索山一战中消耗极大，难以恢复东进的快速势头。在最后 5 天的战斗中，美军向前推进的速度明显减慢，并付出了重大代价。第七步兵团报告，损失军官 15 人、士兵 400 人，各团大致都是这个数字。美军第二军军长布莱德雷再次将经过休整的第一步兵师投入战斗，与埃迪的第九师协同作战，携手向墨西拿发起进攻。

◎ 谁是真正的胜利者

8月12日，丘吉尔与罗斯福在加拿大魁北克城的海德公园举行会晤。这次会晤就是代号为"扇形"的魁北克会谈。在这次会谈中，双方决定由欧洲盟军总司令艾森豪威尔指派参谋长贝德尔·施密特将军和英国情报机关的头目斯特朗共同前往里斯本，同巴多格里奥的密使举行会谈。魁北克会议上还通过了将要带到里斯本去的有关意大利投降的最后确定条件。墨索里尼的下台为意大利政府与美、英和谈扫除了障碍，双方代表私下里多次秘密会谈。

8月13日，德军为了避免被围歼，第十四装甲军军长赫布组织了有秩序的撤退，并在撤退途中逐次破坏了所有公路和桥梁，这样就能抢先摆脱盟军的追击。英美两军在埃特纳火山以北会师。此时，盟军在西西里岛上的总兵力已达到168万。为了抢时间，巴顿又命令第四十五师的一个团准备进行第三次"蛙跳"式两栖登陆。巴顿这次扩大了登陆兵力的规模。

8月15日，意大利新任总理巴多格里奥元帅想让意大利获得同盟国的身份，好在战后获得一定的利益。他再次派代表与盟国代表秘密谈判。意大利代表表示，只要盟军在意大利登陆，意大利马上加入同盟国，对抗德国。

巴多格里奥元帅

8月16日，盟军轰炸机持续轰炸墨西拿港，而德意军的武器装备则已经付之一炬，许多意大利小船仍坚持把留在岛上的德意官兵运送出去。在撤退过程中，没有一只小船逃过盟军的轰炸。

16日夜，美军第三次"蛙跳"式两栖登陆战正式开始。美军第一五七步兵团率先在比沃萨利卡附近冲上滩头。除了因登陆艇故障损失11人外，登陆一帆风顺。美军第三师师长特拉斯科特下令第一五七团上陆后派一个营随第七团前进，协同占领墨西拿。第一五七团的这个营赶到第七团之前，已经消灭了卡萨扎十字路口的德军后卫部队，并控制了俯瞰墨西拿的山岭。第三十步兵团则越过第七团沿该岛东北端公路前进。这时，特拉斯科特命令155毫米口径炮连向海峡对面的意大利本土开火。

蒙哥马利的登陆部队在东海岸公路赶上德军正在撤退的后卫部队，该部队将英军阻于斯卡苇塔正北。直到8月16日晚，德军再度开始向墨西拿撤退，英军两栖部队才得以前进，于17日白天抵达墨西拿以南3公里处，再次受阻。这次是因为桥梁被毁，深谷挡路。此时天已大亮，突击队队长决定乘坐吉普车绕过这个障碍，向墨西拿开进。他决心赶在美国人之前到达这个城市。

8月17日上午6时30分，在最后一名轴心国士兵登上驶往意大利本土船只数小时后，美军第三步兵师在特拉斯科特率领下，抢在英军之前进入墨西拿。该市的文职人员拟向特拉斯科特投降，但是巴顿已下命令，待他进城后再受降。最后，第三师不得进入市区，德军残余部队从容撤离。第二军军长布莱德雷对巴顿的妄自尊大颇为不满。

10时30分，巴顿将军胸前挂着艾森豪威尔在此前一天刚刚颁发给他的第二枚优异服务勋章，身着漂亮整齐的军装，乘坐指挥车作为征服者进入墨西拿城。巴顿终于抢在蒙哥马利的前头，为美军赢得了战场上的荣誉。的确，西西里岛战役打出了美国陆军威风。美军陆军刚刚开始投入登陆作战还是十分陌生的，但很快就适应了战场环境，并比英军技高一筹。隆美尔曾指出："最使人感到惊异的是，美国人对于现代战争的适应速度实在是太快了。主要的原因是他们素来崇尚实用主义和物质主义，他们也一向不重视传统和无价值的理论。在极短的时间内，他们凭空建立了一支强大的陆军，在装备、武器和组织等方面均达到了独步世界的标准。"

与此同时，一队英军也兴奋地开进墨西拿市区。一位英国军官走到巴顿面前，同他握了握手说："这是一场有趣的竞赛，祝贺你们成功！"巴顿变助攻为主攻，抢在蒙哥马利之前占领墨西拿，一洗英国宣传机器的奚落和咒骂。德军撤退时破坏了所有的公路，英军和德军主力激战一个多月，伤亡惨重，结果被巴顿抢了先，蒙哥马利简直要气疯了。想到胜利的荣誉和丰富的战利品都被巴顿夺走，还要去看巴顿那张骄横的、充满嘲笑和讥讽的脸，蒙哥马利实在咽不下这口气。

为了向世人表明攻克西西里岛的主要功绩是英军的，英军在进入墨西拿时举行了盛大的入城式。蒙哥马利走在穿着苏格兰短裙的仪仗队的最前列，大摇大摆地进了城，仿佛在向巴顿示威：我才是真正的胜利者！

正如那位英国军官所说，西西里岛战役的确是一场有趣的比赛。德意军队的目标是大规模撤出所有的守军部队，而盟军中两个优秀的陆军司令巴顿与蒙哥马利更加关注谁最先攻占墨西拿，对于消灭多少德意军队根本不感兴趣。由于巴顿抢先一步进入墨西拿，成为盟军将领中最耀眼的明星，而蒙哥马利则没有得到一点点荣誉。当时一向公正的艾森豪威尔也认为，蒙哥马利太过"小心谨慎"，假如他对埃特纳火山上的敌军防御部队进行勇猛的正面攻击，有可能先于巴顿抵达墨西拿。蒙哥马利对于别人的批评辩解道："简直胡说八道！应当让持这种批评态度的人到灼热的灰尘滚滚的卡塔尼亚服役几个星期，然后让他们爬上山去，向巧妙地部署在山坡缝隙阵地上的德国伞兵部队发动进攻。在这里，第八集团军实施事先精心部署的进攻，从后勤保障方面来说，实际上是不可能的；从作战上说，也肯定是行不通的。顺便说一下，要是这些批评者患过疟疾，那他们可能会懂事一些。"

在西西里战役中患疟疾的数字，美军第七集团军约8300名，英军第八集团军约 9000 名。艾森豪威尔后来经与亚历山大和蒙哥马利进行讨论后，蒙哥马利仍坚持认为："当时我认为，现在我仍然认为，用 7 月中旬我们所拥有的兵力向埃特纳火山的敌人阵地发动正面进攻，将要遭到失败。"

这一天，西西里岛上的一切抵抗均告停止，英美盟军随即占领全岛。历时 38 天的西西里岛之战至此宣告结束。盟军完全占领了西西里岛，从此在地中海往来无阻，打开了登陆欧洲的大门。此役，德军阵亡 8000 人，被俘 5500 人，伤 13500 人，不过大部分伤员随主力撤回意大利本土。意军 20 万人投降或被俘。德意军损失 10 艘潜艇，740 架飞机。英美盟军阵亡 7800 余人，伤 14400 余人，失踪 2870 人，缴获坦克 250 辆、火炮 500 门、飞机 110 架；损失 2 艘驱逐舰、4 艘坦克登陆舰、1 艘医院船、11 艘运输船，375 架飞机，250 门火炮。精确计算多少意大利人在战役中伤亡是很困难的，但远远少于战前估计的 8 万人，然而这个数字仍然很可怕。西西里岛战役，使巴顿声名鹊起，威名远播，一举列入二战名将序列。

西西里岛登陆战役是英美在第二次世界大战中继北非登陆后联合进行的第二次大规模登陆战，也是第二次世界大战中规模最大的登陆战之一。盟军以微小的代价实现了"爱斯基摩人"计划的大部分目标，占领了西西里全岛，使同盟国在地中海交通线的安全得到保障。西西里岛登陆战役的胜利，促使墨索里尼政府垮台，极大地提高了同盟国在中立国家心目中的地位。由于西西里岛被盟军占领，德国人彻底丧失了在地中海的制海和制空权，地中海实际上成了英国的"内湖"。

◎ 巴顿的另一面

8月22日，即西西里岛登陆战役结束后的第5天，巴顿发布了第18号命令《告第七集团军全体官兵书》。

第七集团军全体官兵：

跨海而来的你们，经过血的洗礼后戴上了属于胜利者的辉煌王冠。持续38天的浴血奋战，你们在战争史上书写光辉的诗篇。

在敌人最猛烈的炮火面前，你们无所畏惧，勇往直前。你们以令人难以想象的速度攻占巴勒莫，又冒着枪林弹雨攻克特罗伊纳和墨西拿，两者堪称绝唱。

你们每一位都功不可没。熊熊战火辉映着步兵奋勇向前的身姿和坦克部队的勇猛；工程部队在最艰险地方修筑大路，创造着人间奇迹；后勤部队战绩卓著，通信部队穿越火线架设了50万公里线路，卫生部队冒着炮火救死扶伤。

海军部队全天候无私无畏地支援我们。在整个登陆行动中，我们的海军牢牢控制着天空，密切配合地面部队。

正是由于你们的亲密协同，并肩作战，才有了歼敌俘敌113350名并摧毁敌坦克265辆、汽车2324辆、大炮1162门及缴敌数百吨军用物资的重大战果。

然而，你们的战果远远超越了这些数字，你们重创了敌人的军威。

美国总统、陆军部长、总参谋长、艾森豪威尔将军、亚历山大将军及蒙哥马利将军都向你们表示祝贺。

你们的英名将与世长存！

美国陆军乔治·巴顿司令

同一天，巴顿还给妻子写了一封信：

屡次大的战役结束后，都会出现一段相对平静的日子。然而，我却闲不下来，一直忙于慰问各个部队，并对其作战情况进行记录。我想从那些参与整个战役的士兵口中得到最真实的情报，假如我做成了这件事，将非常了不起，这可说是历史上的头一次，从我开始，那些默默无闻的士兵也有机会向世人传达他们的想法。

跟之前一样，这次我又给艾森豪威尔将军惹麻烦了，不过我想他会很快忘掉的，因为还有无数比我的问题更重要的麻烦事等着他去处理。

以后将发生什么事，谁也说不清楚。我觉得我们下一步做什么，应该由当前局势的发展决定，毕竟什么事情都有可能发生。

距离我们的驻地几英里的地方有一个小海湾，我们可以去那儿游泳。那里的海滩是我所见过的最美丽、最干净的一个。海岸边停着很多张满风帆的小船。今天下午，我想乘一只小船到海上看看。

另外，我发现对士兵来说，勇气是最可贵也是最缺乏的品质。很多问题的产生来源于恐惧，而恐惧似乎是人的一种天性，正如有首诗所写：恐惧，噢，恐惧，它是我的小弟弟。

从巴顿给妻子的信中，我们捕捉不到一丝霸气十足和桀骜不驯，跃然纸上的是亲切、慎思，还有一点儿小可爱，这恐怕是世人皆知的"血胆将军"的真实一面吧。

8月31日，鉴于英国方面不同意意大利加入同盟国，盟军只好向意大利政府下达了最后通牒："要么无条件投降，要么将战争进行到底！"

为了彻底打垮意大利，亚历山大命令英军第八集团军在9月2日晚越过西西里海峡在勒佐登陆。

9月3日15时，意大利总理巴多格里奥授权卡斯特尔亚诺将军签字，接受停战协议条款。1个小时后，在靠近锡拉库萨的一片绿色的小橄榄林里，卡斯特尔亚诺代表意大利政府，在无条件投降"简明条件"的签字仪式上，写上了重要的一笔。

意大利终于向同盟国投降了。

9月8日18时30分，盟军总司令艾森豪威尔通过广播电台向世人宣读了停战协定。20时，巴多格里奥也宣读了停战协定。这时，意大利海军参谋长代科尔坦上将才获悉有关意大利海军的停战条款内容。代科尔坦当初想的是，只要有关条款有损意大利海军的荣誉，就立即提出抗议。现在看来，这些条款并没有损害海军的荣誉，只规定了把海军军舰、舰员和武器转移到盟军港口，并且没有规定向盟国投降，只是说盟国有征用意大利军舰的可能。代科尔坦决定接受投降，命令海军的所有军舰遵守停战协定。

当天晚间，德军开始向罗马进军。意大利国王、巴多格里奥及内阁成员和高级官员躲进陆军部大楼，并宣布戒严。在人心惶惶的氛围中，巴多格里奥等人进行了紧急磋商。深夜，他们乘坐5辆汽车，驶出罗马东城门，来到亚得里亚海岸的佩斯卡拉港，乘2艘盟军快艇逃走了。

9月9日凌晨3时，意大利海军主力舰队奉命撤离拉斯佩济亚港。主力舰队很快便与热那亚港的3艘巡洋舰会合。此时的意大利舰队编成如下：战列舰"罗马号""维托里奥·万内托号"和"意大利亚号"（"利托里奥号"），轻巡洋舰"尤金亲王号""阿奥斯塔公爵号""阿布鲁齐公爵号""加里博尔迪号""蒙德库科利号""雷果洛号"，另外还有8艘驱逐舰。

9日清晨，美军第五集团军司令克拉克率部在萨勒诺登陆。在萨勒诺登陆战中，美军在滩头没有遇到任何抵抗，没有一个人阵亡，最大的损失是运输机把空降兵投进了大海。另外，美军在滩头遭遇的最强抵抗来自萨勒诺动物园，由于盟军的轰炸，流落在外的一只美洲豹咬伤了两名士兵。

盟军登陆时，有一艘意大利鱼雷快艇未能接到停战命令，攻击了一艘盟军巡洋舰。最终，盟军想办法使那艘意大利快艇相信意大利停战了。这可谓是意大利海军对盟军的最后一战。下午晚些时候，意大利一艘战列舰和5艘巡洋舰及一支满载盟军登陆部队的船队驶入塔兰托港。

此时的德军很快清醒过来，根据原计划，开始进驻意大利的各个城市和港口。意大利海军无力阻止德军占领港口，因为港口的对陆防御由德军负责。不过，意大利海军抗德的行动还是到处发生着。当然，这些反抗是无法阻止德军占领港口的。

　　9日15时50分，当意大利舰队驶入科西嘉岛以西的阿齐纳腊岛附近海域时，看到一些飞机飞来。意大利舰队以为是盟军的飞机，于是就没有采取防空措施。没想到飞机是德国的，德国飞机第一次使用火箭炸弹。"罗马号"战列舰的前部火药舱中弹，引起大火。20分钟后，火药舱爆炸。"罗马号"缓缓下沉，舰上全部军官和大部分水兵与舰沉没。"意大利亚号"战列舰也受了伤，不过并不严重，可以继续前进。

　　意大利海军部收到舰队遭到空袭的消息后，马上请求英军驻马耳他岛的飞机掩护舰队撤离。然而，由于事情仓促，英军根本来不及派出飞机护航。英军的驱逐舰"维瓦耳迪号"和"达诺利号"奉命前来会合，通过博尼法乔海峡时，遭到德军炮火的阻击。经过一番激战，"达诺利号"沉没，"维瓦耳迪号"不久也沉没了。意大利巡洋舰"雷果洛号"、3艘驱逐舰和1艘护航舰将"罗马号""维瓦耳迪号""达诺利号"的幸存者救了上来。这些救生舰在2艘护航驱逐舰和3艘登陆舰的护送下，向巴利阿里群岛的马洪港驶去。在抵港之前，"佩加索号"和"因佩图奥索号"护航驱逐舰遭到德军多次空袭，两舰受到重创，舰员放水自沉。

　　9日晚，德军占领了沿第勒尼安海岸的所有南部港口，包括撒丁岛和科西嘉岛的港口。无法离港的意大利军舰大多数自沉或者炸毁。

　　这一天，德军第十集团军驻扎在古斯塔夫防线，该集团军的北面是德第四集团军。另外，盟军飞机轰炸了撒丁岛附近的两个小岛，这两个小岛上驻扎有1万多名意大利官兵。盟军飞机炸死了40多个意大利士兵，意大利官兵接受了美军飞行员的劝降。此后三天，德军突然出动，轻松占领了很多小岛。同时，驻扎在主岛罗得岛上的一个师的德军通过一系列军事和政治谈判，迫使该岛意军向其投降。

◎ 诱降与抵抗

意大利退出战争后，希特勒非常生气，把宣传部长戈培尔叫到拉斯登堡，对他说，意大利人太不要脸了。其实，此时的希特勒最担心的是自己的权力宝座，他怕自己成为第二个墨索里尼。

9 月 10 日，巴多格里奥等人来到意大利南方的布林迪西，在盟军占领区成立反法西斯的意大利政府。当天，德军占领罗马附近的 3 个海军无线电中心。意大利海军部通过电台，继续安排各舰队和商船执行与盟军的停战协定。

这一天，从塔兰托港撤离的意大利战列舰"多利亚号""杜里奥号"，巡洋舰"卡多纳号""朋佩奥号"和 1 艘驱逐舰安全抵达马耳他岛。在马耳他岛，它们与主力舰队以及其他军舰会合。这些舰船在驶抵马耳他港时，英军按海军礼节欢迎意大利海军，意大利海军司令以下军官均获礼遇。在瓦莱塔港码头，意大利舰队司令达扎拉受到盟军地中海舰队参谋长的热情迎接。达扎拉检阅了英国海军仪仗队。随后，盟军地中海舰队司令坎宁安上前与达扎拉握手寒暄。

9月11日，德军派卫兵在意大利海军部门口站岗，但没有冲击海军部。意大利海军部人员继续工作。

9月12日下午，意大利海军参谋长代科尔坦从布林迪西港给海军部发来电报："我已直接行使对海军的指挥权。"意大利海军部立即停止了工作。在意大利北部各港口，很多小舰艇在反抗德军。这些舰艇在拼死冲出港口或者向南方的马耳他岛驶去时，遭到德军飞机、港口岸炮、海岸炮和各种武器的猛烈攻击。这些遭遇战，使双方都付出了惨重的伤亡。意大利护航驱逐舰"阿利塞奥号"在科西嘉岛附近遭到德国10艘小舰的围攻。激战中，"阿利塞奥号"将德舰全都击沉，舰员们把德舰的幸存者打捞上来，继续向马耳他岛驶去。

皮昂比诺港的意大利水兵击沉了该港的所有德国小舰后，立即撤退。斯塔比亚港的意大利水兵在激战中阵亡多人。卡塔罗港的水兵们打光弹药后，向德军投降。克法利尼亚港的大多数意大利水兵在激战中阵亡。勒罗斯岛的意大利海军抵抗了长达50日之久。意大利炮舰"勒庞托号"和"卡洛托号"放水自沉，日本神户的快船"兰姆二世号"也放水沉没，在沙璜的潜艇"卡佩林尼号"和在日本各港的11艘商船放水自沉或破坏。另外，意大利潜艇"卡格尼号"从印度洋驶回了意大利。"厄立特里亚号"潜艇冲过日海军的封锁，驶入英国的科伦坡港。卡普里港的意大利鱼雷快艇群和其他辅助舰艇奉命接受盟国海军的指挥。

9月13日，英军询问意大利舰队司令达扎拉能否派两艘驱逐舰赴阿雅克肖去帮助意法部队进攻德军。达扎拉马上出动"勒季翁纳里奥号"和"奥里昂尼号"执行任务。由于当时的意大利政府只是个空架子，结果在前线以南的军政组织全都接受意大利海军的领导。

意大利塔兰托港的造船厂对盟军的贡献较大，它是当时除直布罗陀以外地中海唯一完善的一座造船厂，该厂获得了盟军的书面嘉奖。从1943年9月至1945年6月，塔兰托港造船厂共修复1600多艘盟国船只，其中600多艘是军舰。另外，该厂还修复了本国的200多艘商船和几百艘军舰。

因盟军仅占领了意大利南部，意大利海军不仅要保卫南部各海军基地和海岸防御工事，还要训练地面部队以保卫受到德军威胁的南部各军区。意大利海军加强了新的防御工事并组织了大量的勤务部队，重点加强了防空炮火，其中很多防空炮是盟军提供的。

美军第一空降师登陆塔兰托港时，所有重装备均由巡洋舰"阿布迪埃耳号"运送，该舰在进港时触雷沉没。意大利海军用仓库中的机动炮、重机枪、反坦克炮和喷火器等将第一空降师武装起来。"阿布迪埃耳号"的沉没说明，德军在撤离塔兰托以前布下了水雷。为了防止触雷事件的再次发生，意大利海军派潜水员对通往马皮科洛的内水道进行搜索，同时又围绕各海军基地设置反潜工事，并加强扫雷工作。

这一天，德军用无线电与勒罗斯岛、科斯岛、卡利姆诺斯岛、斯塔姆帕利亚岛、帕特莫斯岛、尼卡里亚岛和萨莫斯岛的意军联系，希望派代表团赴各岛谈判关于意军荣誉投降的问题。勒罗斯岛基地司令意海军少将马斯凯帕拒绝投降。他明白，一旦德军调来了足够的兵力，肯定会全力来进攻这些岛屿，于是决定率领部队誓死保卫岛屿。

勒罗斯建有24个海军炮台，装有大小不同的火炮近百门，最小的是76

毫米口径的高射炮，最大的为152毫米口径的重型海岸炮。岛上约有5500名官兵，其中一半为炮手和机枪手，分布在各个工事中，另一半为行政人员和勤务兵。勒罗斯岛上陆军很少，只有约1000名士兵的步兵营，武器陈旧，水兵和步兵均来自后备役。他们在意大利参战后始终没有作战，大部分兵力分散在岛上的各孤立据点，生活条件艰苦。岛上被围困的意军若得不到海上或者空中的支援，长期坚守是不可能的。岛上炮位尽管完好，但都是老式炮台，炮台完全暴露。相反，德军可以把巴尔干战区的所有空中力量调来轰炸勒罗斯。

只有科斯岛上的1个临时机场和4架飞机可供马斯凯帕使用。勒罗斯岛到处是山，无法建机场。勒罗斯岛只有1艘旧驱逐舰、少量鱼雷快艇和一些小艇。罗得岛、勒罗斯岛和科斯岛是爱琴海的重要堡垒，一直是重要战略目标。罗得岛是这些岛屿的钥匙，它拥有良好的飞机场，由德意军队驻守。如果盟军占领罗得岛，盟军飞机就可从罗得岛起飞，以保卫盟军占领的其他岛屿，并使盟国的海军完全控制爱琴海。丘吉尔认为，若不抢占这些岛屿，将失去一个千载难逢的机会。盟军一旦夺取爱琴海的制空权和制海权，就能对土耳其产生威慑。意大利崩溃后，土耳其受到了巨大的震动。

盟军如果控制了爱琴海和达达尼尔海峡，就能开辟海上通往苏联的通道，无需组织风险巨大、代价高昂的北极护航运输队或者维持通过波斯湾的漫长供应线。然而，因英美两国意见不统一，直到9月上旬才由一个特殊空中防务团在德军后方三四百公里处对其机场进行了一系列空袭。若盟军能够从海上快速派兵前往罗得岛，就能激励该岛意军控制人数极少的德军。

德军疯狂地攻击盟军防务团小队，意军屈服于德军的威势不敢踏出军营一步，盟军防务团小队只得被迫撤退。德军向罗得岛不断增兵，兵力达到6000人。盟军要想去占领罗得岛，将非常困难。

9月23日，意大利海军参谋长代科尔坦在塔兰托港与盟军地中海舰队司令坎宁安会晤，协商把意大利舰队移交盟军舰队使用，以便尽早结束战争。坎宁安认为，意大利至少应把部分军舰移交给盟军，以赔偿盟军的损失。代科尔坦原则上接受坎宁安提出的要求，不过，他表示这件事应该等待有关政府来解决。坎宁安同意代科尔坦的说法。就这样，代科尔坦与坎宁安达成了君子协定。后来，英国和美国宣布不要意大利的军舰赔偿。意大利与法国、希腊达成协定，将若干意大利舰队赔偿给他们，只有苏联继续要求把意大利舰队全部赔偿给盟国。

第七章

罗马从此无战事

盟军挤在狭窄的海滩上，每天遭到德军密集的炮火轰击。经过几年战火考验的盟军没有像战争初期那样一触即降，而是拼死反抗。此时，安齐奥正值雨季，连降大雨，泥泞的盟军阵地上血流成河，活脱儿一个大屠宰场。

◎ 不撤退，要进攻

9 月 24 日，希特勒召开军事会议。会上，陆军和海军将领极力主张从克里特岛和多德卡尼斯群岛撤退。他们认为，以前占领那些岛屿，目的是向东地中海地区发动进攻，如今德国采取守势不需要那些岛屿。他们提出必须避免兵力和物力遭受损失，而这些兵力和物力对防守欧洲大陆能起到很大的作用。

希特勒狠狠训斥了这些将领，他认为绝不能从克里特岛和多德卡尼斯群岛撤退，因为这样做会刺激东南欧德国盟国的强烈反应。希特勒说："我们东南欧盟国的态度和土耳其的态度完全取决于他们对我军实力的信心，如果撤离这些岛屿，就会产成一系列严重的不良反应。我最担心的是，这样做会使刚成立的意大利法西斯共和政府土崩瓦解。"

9 月底，在英国驱逐舰和潜水艇的护送下，盟军 3 个营分别占领了科斯岛、勒罗斯岛和萨摩斯岛，一些小规模的盟军小分队占领了其他岛屿。盟军的战斗机可以利用科斯岛上的飞机场轰炸德军。

10月3日拂晓，德军伞兵突然降落在科斯岛，击败岛上的英军，重新占领科斯岛。英国人自然咽不下这口气，英国海军部紧急出动强大的登陆舰队，从马耳他岛驶往爱琴海。艾森豪威尔也派出两大队远程战斗机临时调往中东地区，支援爱琴海作战。

10月7日，德军一支运送援兵的舰队前往科斯岛，在盟军海空军的夹击下灰飞烟灭。几天后，英国海军又击沉了德军两艘运输舰。

10月11日，盟军远程战斗机撤离。此后，英国海军再次遇到麻烦，德军重新掌控了制空权，迫使英军舰只只能晚上活动。盟军远程战斗机的撤退决定了勒罗斯岛的命运，德军在不受干扰的情况下，利用分散的小船队集结了大量兵力。

10月13日，意大利巴多格里奥政府正式向德国宣战。同时，英、美、苏三国政府纷纷发表公告，承认意大利为同盟国的一员。

11月12日凌晨，在海上舰队的支援下，德军在勒罗斯岛的东北端和勒罗斯城东南的海湾同时抢滩登陆。双方爆发了激战。下午，600名德军伞兵在阿林湾与格纳湾之间的地峡降落，将英军的防线截为两段，一举夺回地峡。此后，英军不断发动反攻，在战斗的最后阶段，驻守萨摩斯岛的英军西肯特第二团被派去增援。英军苦战至16日晚，终因寡不敌众而撤退。

勒罗斯岛重新落入德军之手后，盟军便难以在爱琴海立足了。英军想办法撤走了萨摩斯和其他岛屿上的少量驻军，并从勒罗斯岛救出了残部。另外，英军还救出很多持友好态度的意大利人和德军俘虏。盟国海军在爱琴海遭受重大损失，6艘驱逐舰和2艘潜艇被德军飞机用水雷击沉，还有4艘巡洋舰和 4 艘驱逐舰受伤。

希特勒接受了南线总司令凯塞林的建议，改变了对意大利战线的原有决定。希特勒原本主张把部队撤到罗马后面，守住意大利北部，现在他命令部队尽量向南面进攻。希特勒选定了一条"冬季战线"，从亚得里亚海沿岸的桑格罗河背后起，穿过意大利的山脊地带，一直到西海岸的加里利亚诺河口。一年多来，德军从非洲、西西里岛和意大利南部几乎总是撤退，这时希特勒突然要进攻。此时，盟军已经把登陆法国置于首要地位，从意大利和地中海地区撤出了 8 个师调往英国。

希特勒的战略意图是在罗马南面维持一条防线，那里有险要的地形，易守难攻，盟军的坦克和炮兵很难发挥优势。这不仅能够有效地牵制盟军的兵力，更有利于保卫墨索里尼的北方"共和国"。

此时，意大利战场德军与盟军兵力对比已经发生了很大变化。在南方，盟军 11 个师对付德军 9 个师，而德军还有约 15 个师在更北的地区。德军正在收缩欧洲防线，以便组建一支预备队，用于增援意大利的军队。相比之下，盟军在意大利的情况就不妙了。盟军在意大利本土部队最高数量为：10 月底 12 个师，11 月底 13 个师，12 月底 15 个师。从战略上来看，盟军在罗马南面建立一条防线是必要的，只有建立了足够的纵深阵地，才能减轻德军对福贾机场和那不勒斯港的威胁。

英军第八集团军经过一番激战后，进抵桑格罗河。德军 4 个师驻扎在河对岸。为了保持战略主动权，亚历山大的计划是，第八集团军立即过河，突破德军的"冬季战线"，并尽可能向前进抵佩斯卡拉－阿韦察诺公路，以便威胁罗马，还要想办法切断德军在西海岸的交通线。英军攻克了桑格罗河对岸的桥头堡，但是德军的主要防御阵地设在高地上。因阴雨连绵，道路泥泞，河水猛涨，盟军的进攻被迫推迟到 11 月 28 日。

11 月 28 日，英军第七十八师、第八印度师和新西兰师向德军发起进攻，推进速度很快。经过一个星期激战，英军在桑格罗河对岸 16 公里处建立了牢固的登陆场。

12 月 2 日，英军第十军和美第二军进攻公路西边的卡西诺峻岭。一周后，英美盟军歼灭了这里的德军。与此同时，在公路东面，美军第二军和第六军也向德军发动了进攻。

12 月 20 日，加拿大部队进抵奥托纳的近郊，并在这里发生激烈的战斗。

12 月 28 日，加拿大部队占领了奥托纳城。从这次巷战中，加拿大部队获得了很多经验教训。德军仍在抵抗，并从意大利北部调来大量部队。英军第八集团军于 12 月间尽管获得了一些进展，但无法攻下任何重要战略要地，后来由于冬季气候停止了进攻。与此同时，美军第五集团军顺着公路艰难地向卡西诺推进，突破了德军主要阵地的防御工事。德军在公路两旁的山上部署了大量的兵力。直到 1944 年 1 月 1 日，美军才将德军击退。此时，美军第五集团军才顺着加里利亚诺河及其支流拉皮多河建立了防线，准备开春发动新一轮攻势。尽管意大利的德军在拼命挣扎，他们在兵力上暂时占有优势，但装备太差了，其实德国已接近崩溃。

1943 年年底，德军始终坚守着意大利南部的古斯塔夫防线。古斯塔夫防线上建有无数坚固的混凝土工事，布设大量地雷，加上十分险峻的地形，更是易守难攻。古斯塔夫防线从那不勒斯北面的地中海起，经埃塔、卡西诺山一直到亚得里亚海岸的奥尔托纳，横贯整个意大利中部。

古斯塔夫防线的中枢防御部和制高点为卡西诺山，卡西诺山上有一座卡西诺小城。卡西诺城西不足 1 公里处是海拔 518 米的卡西诺峰。卡西诺峰顶部建有一座修道院，意大利人称它为卡西诺修道院。卡西诺山是德军古斯塔夫防线最重要的地段，卡西诺山西北 161 公里处就是意大利首都罗马。卡西诺山附近都是意大利乡村，那里的利里河谷是盟军进军罗马的必经之路。6 号公路穿越利里河谷，通往罗马。卡西诺山还连接着许多高地和山峰。比如，卡瓦里山、汉格曼山和蛇头山，这些山都是盟军必须进攻的地方。

德军在卡西诺山构筑了坚固的防御阵地，阵地都在岩石后边。炮兵观测点建在山下，德军火炮可以直接瞄准所有周围地区射击，就是说德军第七十一迫击炮团可以炮击卡西诺山附近的任何目标。修道院下边有一个山洞改建为德军的弹药库。

希特勒打算凭借古斯塔夫防线阻挡盟军进军罗马和意大利北部，以保障欧洲南翼的安全。驻守古斯塔夫防线的德军是 C 集团军群的第十集团军，由黑廷霍夫率领，该集团军拥有 15 个师的兵力。C 集团军群的第十四集团军驻守意大利北部，辖 8 个师，负责镇压北部的意大利游击队。C 集团军群约有 370 架飞机。

◎ "鹅卵石"登陆计划

1944 年年初，盟军第十五集团军群辖美军第五集团军、英军第八集团军和英独立第五军，由亚历山大率领，拥有 19 个师又 4 个旅，拥有绝对制海权，并得到近 4000 架飞机的支援。印度、法国、意大利、新西兰、英国和美国等同盟国部队，正源源不断地补充到第十五集团军群。

1 月 8 日，盟军参谋长联席会议批准了"鹅卵石"作战计划，该计划以两个师的兵力在安齐奥抢滩登陆。安齐奥是一个小渔港，在古斯塔夫防线北面 100 公里、罗马南面 45 公里处。二战前，安齐奥海滩是意大利的休假胜地，沙滩松软，沙滩附近树木茂盛，景色优美。

其实，早在 1943 年 11 月，亚历山大就制订了代号为"鹅卵石"的作战计划，准备投入一个师的兵力在古斯塔夫防线北面的安齐奥登陆，帮助正面盟军突破防线。盟军 12 月初对古斯塔夫防线发动的两次进攻都失败了。美军第五集团军司令克拉克建议取消"鹅卵石"计划，亚历山大接受了他的建议。然而，丘吉尔认为盟军在地中海地区拥有海陆空优势，而诺曼底登陆要到1944年6月才能发动，他不想浪费半年的时间，于是强烈要求盟军地中海部队进攻罗马，解放意大利。丘吉尔跟艾森豪威尔、亚历山大、坎宁安等人商议，最终被取消的"鹅卵石"计划再次提上议事日程。

在丘吉尔的强烈要求下，"鹅卵石"计划的兵力从一个师增至两个师。丘吉尔认为，该计划是一只"野猫"，一定能撕开古斯塔夫防线柔软的下腹，并一举抓碎防线。当时，盟军地中海战区没有可以运输两个师的登陆舰船，因为大部分舰船被调到英国，登陆船只是"鹅卵石"计划面临的一大难题，另外"鹅卵石"作战准备还可能影响诺曼底战役的准备。为此，盟军参谋长联席会议认真研究了登陆舰船的使用问题，丘吉尔专门就此事与罗斯福进行商讨。在丘吉尔的再三请求下，罗斯福只好同意。就这样，盟军推迟了56艘登陆舰调离地中海战区的时间，终于拼凑了87艘登陆舰。然而，56艘登陆舰仅供地中海部队使用两天，随后便调往英国，备战将来的诺曼底登陆。丘吉尔也只能接受这一条件。

"鹅卵石"登陆战役总指挥是刚刚上任的地中海战区司令坎宁安海军元帅。美军第五集团军第六军负责此次登陆战的地面作战。第六军辖美军第三步兵师和英军第一步兵师、1个空降团和5个海军陆战营，大约5万人。

"鹅卵石"登陆战的海军由美国海军少将洛里指挥，共150多艘登陆舰和126艘其他军舰，分为南北两个编队。南部登陆编队由洛里兼任司令，由51艘运输船、5艘登陆舰、4艘火炮登陆艇、34艘步兵登陆舰、33艘辅助舰艇和1艘潜艇组成，护航舰有2艘巡洋舰、11艘驱逐舰、1艘防空舰、2艘护卫舰、2艘炮艇和23艘扫雷艇。南部登陆编队负责运送美军第三师在南部滩头登陆。北部登陆编队由英国海军少将特鲁布里担任司令，由 5 艘坦克登陆艇、4 艘火炮登陆艇、32 艘步兵登陆舰、16 艘坦克登陆舰、1 艘火箭炮登陆艇、30 艘辅助舰艇和 1 艘潜艇组成，护航军舰为 2 艘巡洋舰、12 艘驱逐舰、1 艘防空舰和 16 艘扫雷艇。北部登陆编队负责运送英军第一师在北部滩头登陆。

另外，盟军出动 700 架飞机支援登陆。美军第四十五步兵师和第一装甲师、英军第五十六步兵师作为登陆战的第 2 梯队。

德军在安齐奥地区只有 1 个工兵营，战斗力很弱，甚至在盟军登陆前几小时，德军取消了工兵营的戒备状态。不过，德军意大利战区总司令凯塞林做了必要的预防措施，制定了详细的机动方案，在意大利北部甚至德国的预备队能够根据机动方案快速南下增援安齐奥。所有冰封的道路都事先进行了整修，以保证大批部队顺利通过。凯塞林在某些偏僻的岔路上，还秘密地设立了许多隐蔽的补给仓库。

与丘吉尔不同的是，美军第五集团军司令克拉克和第六军军长卢卡斯非常担忧，两人经历了萨勒诺的激战后，震惊于德军的战斗力。两人不相信英国情报人员所说的德军主力集中在古斯塔夫防线，认为这是丘吉尔用来鼓动美国人的鬼把戏。两人一想到 56 艘登陆舰在部队仅仅上岸两天后便调到英国，就感到脊背发凉。众所周知，在登陆战中，登陆舰的作用非常大。盟军好不容易拼凑起来的 87 艘登陆舰中，只有 14 艘可以携带登陆艇，剩下的 73 艘只能推带两栖车。两栖车的航速慢，载重较小，适航性差，驾驶人员还缺乏经验。在登陆演习中，就有 40 辆两栖车翻船，淹死了好多人，还丢失了 10 门火炮。

克拉克给卢卡斯的命令是牢牢占领安齐奥及附近地区后，向阿尔班山推进，切勿孤军深入，以免全军覆灭。临行前，克拉克特意叮嘱卢卡斯，千万不要梦想占领罗马。第五集团军作战部长布莱恩命令卢卡斯，第六军上岸后可根据实际情况修改作战计划，一定要注意保存实力。卢卡斯很悲观，在日记中多次谈到对登陆作战的恐惧，他认为丘吉尔是个冒险家。他害怕像一战时英军在加利波利登陆战那样全军覆灭。那场伤亡惨重的登陆战就是由丘吉尔策划的，当时丘吉尔是英国海军大臣，与现在的情况非常相似。卢卡斯的好友巴顿将军对安齐奥登陆战也表示忧虑，这就更加深了卢卡斯的恐惧。

◎ 血拼成河

　　1月17日，古斯塔夫防线正面的美军第五集团军和英军第八集团军发动了大规模进攻，企图突破防线，至少能吸引一下德军的兵力，使德军无暇增援安齐奥。

　　1月21日下午，盟军登陆部队3.6万人分乘253艘舰船从那不勒斯港出发。为了欺骗德军，舰队从卡普里岛向南驶去，直到天黑，才朝着安齐奥驶去。午夜前后，登陆船队到达换乘海域，立即换乘登陆艇冲向海滩。盟军吸取了萨勒诺登陆战的惨痛教训，在登陆艇的艇艏加装了大量火箭炮，猛烈轰击德军的防御阵地。

　　1月22日凌晨2时，盟军第一批登陆部队成功上岸。德军士兵大部成了俘虏，很多德国士兵被俘时还在睡觉。8时，盟军控制了安齐奥镇，继续向前推进，拿下预定目标。美军第三师先头部队进抵墨索里尼运河，英军第一师的先头部队进抵莫莱塔河河口。22时，3.6万人的登陆部队和3000辆车辆终于全部上岸，并在海滩上构筑起 15 公里长的环形阵地。德军只派几架飞机前来空袭，盟军损失很小。

距离海滩 24 公里处的阿尔班山和山脚下通向罗马的 6 号、7 号公路，只有德军的几个哨所。盟军可以轻易占领罗马。美军第六军军长卢卡斯担心这是个圈套，只要盟军没有从正面突破古斯塔夫防线，第六军就决不向前推进。他下令继续加强防御，巩固登陆场。

凯塞林听说盟军在安齐奥登陆后，吓出了一身冷汗，这意味着古斯塔夫防线将被盟军合围，因为这时从安齐奥至罗马没有一兵一卒。出乎凯塞林意料的是，盟军在海滩竟然没有动弹。

这一天，罗斯福向丘吉尔提出建议："阻止意大利国王回到罗马执政，战后放手自由派的各种力量建立新政府。"然而，丘吉尔则主张在找到更合适的人选前，应继续支持意大利国王，他一再提醒罗斯福，警惕意大利国王的反对派。

1 月 23 日，德军先头部队抢占了咽喉要地阿尔班山，所有通往北部的公路均被德军控制。德军第十四集团军司令冯·马肯森赶到后，亲自指挥战斗。凯塞林从第十集团军、第十四集团军紧急抽调的 8 个师先头部队也陆续到达，并迅速建立起新防线。傍晚，凯塞林出动大批飞机，炸沉盟军 1 艘驱逐舰。此役，德军使用无线电遥控滑翔炸弹，盟军对滑翔炸弹的无线电遥控频率进行干扰，使其坠入海中。

1 月 26 日凌晨，英军发起进攻。德军在大型建筑物内拼命反抗，在凶猛的炮火支援下开始反攻。双方展开了激烈的争夺战。英军逐一争夺每座房屋，付出了较大伤亡。英军最终以惨重的代价占领了大型建筑物。特拉斯科特和彭尼都认为情况紧急，再三请求卢卡斯趁德军大部队还没有到来之前发动总攻。丘吉尔、亚历山大也向第五集团军司令克拉克施压。

1月28日，克拉克乘坐鱼雷艇赶到安齐奥，催促卢卡斯发动总攻。盟军第二梯队美军第一装甲师和第四十五步兵师先后登陆。盟军在安齐奥地区的兵力达到6.8万人，500门火炮和250辆"谢尔曼"坦克。这样一来，美军第六军的实力大增，军长卢卡斯决定马上发起总攻。此时，德军已经严阵以待，凯塞林甚至确定了反攻的时间表。

1月28日至29日，意大利的6个政党在巴里召开代表大会。他们公开要求国王退位，呼吁组成新的联合政府，并在战后召开制宪会议。

1月29日，德军飞机对盟军的登陆部队发动了空袭。盟军巡洋舰、驱逐舰、运输船和医院船各1艘被炸沉，2艘驱逐舰和1艘坦克登陆舰被炸伤。另外，盟军还有登陆舰、扫雷舰、步兵登陆艇、扫雷艇触雷沉没，防空舰和驱逐舰各1艘触雷受伤。

美军第三师师长特拉斯科特和英军第一师师长彭尼心急如焚，强烈要求出战。亚历山大和丘吉尔先后来电，质问卢卡斯为何不抢占阿尔班山。卢卡斯顶住压力，仍然不想向纵深推进。他考虑到滩头阵地太小，决定扩大一下再发起进攻。不久，美军第三师奉命进攻奇斯泰尔纳镇，英军第一师奉命进攻卡姆波莱奥火车站。奇斯泰尔纳镇在蓬廷沼泽的边缘，7号公路和那不勒斯－罗马的铁路都从这里经过。卡姆波莱奥火车站建在安齐奥通往阿尔班山脚下阿尔巴诺镇的公路旁。奇斯泰尔纳镇和阿尔巴诺镇都是安齐奥地区的交通要道，位置非常重要。

美军第三师在攻打奇斯泰尔纳镇时遭到德军的猛烈反击，双方反复争夺每条田埂和每间房屋。特拉斯科特发现正面进攻很难成功，于是便投入最精锐的陆军别动队实施渗透穿插。陆军别动队擅打硬仗恶仗，他们打算在晚上穿越德军防线，奇袭奇斯泰尔纳镇。

美军第三师的陆军别动队在夜色的掩护下，从潘塔诺壕沟秘密向前爬行，在距奇斯泰尔纳镇中心800米处，一跃而起，冲向附近房屋。德军的炮火雨点般射来。原来，德军早就发现这支别动队，就等着他们爬出壕沟，用密集的炮火轰击。陆军别动队落入德国人的陷阱，767人中只有6人死里逃生。特拉斯科策划的奇袭以惨败告终。

此时，英军第一师派出了侦察小分队，沿阿尔巴诺镇公路前进，一直搜索了近5公里。侦察小分队突然遭到卡罗切托村一处有红围墙的大型建筑物的德军扫射。这座大型建筑物属于大型居住点，是意大利给开垦沼泽地的农民们修筑的。它是阿尔巴诺镇的制高点，控制着附近的平原，成为双方的必争要地。英第一师师长彭尼得到侦察小分队的报告后，得知德军集结的速度很快，决定赶在德军大部队到来以前，抢占大型建筑物和卡姆波莱奥火车站。

1月30日，卢卡斯终于发动了总攻，左翼英军第一师和美军第一装甲师主攻卡姆波莱奥火车站，右翼美军第三师和第四十五师辅攻奇斯泰尔纳镇。

2月1日，右翼的美军损失惨重，只得就地转入防御。左翼的英美盟军所处地形非常狭窄，为了能展开兵力，英军第一师派出爱尔兰禁卫营和苏格兰禁卫营进攻开阔地带。德军火力非常密集，英军不顾伤亡以巨大的代价占领了开阔地带。这时，英军从海滩向内陆推进了20公里，犹如一把尖刀深深插入德军防线。最前面的英格兰希罗普郡营攻下阿尔班山的第一面山坡。德军兵力不断加强，英军请求美军第一装甲师增援，由于到处是深沟高垒，坦克无法行驶，唯一可用的道路是通向阿尔巴诺镇的公路。德军在这条公路上设置了许多障碍，盟军处于德军炮火射程内。如果美军第一装甲师强行进攻的话，必然受到重创。这样，英军第一师首先要为坦克扫清障碍。负责清障任务的是英军"舍伍德"山地营，该营通过英格兰希罗普郡营的阵地冲向火车站。

"舍伍德"山地营艰难地冲破德军火炮、机枪和冲锋枪组成的火力网，从山坡向下冲到罗马 – 那不勒斯的铁路旁。然而，山地营无法冲过铁轨占领对面的火车站，那里地形太险要，铁道两边是悬崖，铁道刚好建在低洼地上。此时，"舍伍德"山地营陷入致命的屠宰场，士兵变成了靶子，被两边山崖上的德军成片成片地射杀。美军第一装甲师的一个坦克营竭力救援，但是没有成功。最终，"舍伍德"山地营只有 8 名军官和 250 名士兵幸运逃出。盟军伤亡惨重，毫无收获，士气受到严重影响，突袭战变成了垂死战。

盟军被德军包围在宽不足 25 公里、纵深不足 25 公里的海滩上。2 月 3 日，德军向英军阵地发起反攻。英军第一师第三旅遭到了德军的疯狂攻击。德军炮火十分猛烈，坦克穿插迂回，步兵把英军第一师第三旅分割包围。由于几天来总是下大雨，加上海滩上空硝烟弥漫，盟军空军无法支援，英军损失惨重。彭尼连忙向卢卡斯求援，卢卡斯却命令他撤退。这时候撤退无疑是自杀。后来，英军第一六八步兵旅和第一特勤大队约 1800 人登陆，盟军多支增援部队也正火速赶来。第一六八旅正在古斯塔夫防线血战，被紧急调来救援。在美军坦克的救援下，英军第一六八旅全力救援，英军第三旅终于击退了德军。

2 月 7 日，德军向卡罗切托河的渡口发动两翼攻势，英军第一师艰难地守卫着渡口。德军占领战略要地布翁里波索山，这个高地的德军炮火能够威胁通向阿尔巴诺镇的公路。幸运的是英军守住了山下的阵地。

2月8日，连日血战的英军第一师投入预备队反攻布翁里波索山的德军，双方激战一天。英军第一师投入反攻的部队几乎全部阵亡，傍晚时分停止了进攻，并向卡罗切托河的渡口撤退。德军在炮兵部队的掩护下，趁着夜色，发动了总攻。英军第一师的实力大不如前，其防线很快被德军突破。德军潮水般涌向大型建筑物，双方展开巷战，争夺着每一间房屋。海上的盟军军舰疯狂地轰击德军，但是仍然没有阻止住德军的攻势。

2月9日凌晨，德军终于占领了成为一片废墟的大型建筑物。随着英军的不断后退，盟军态势更加危急。天亮后，德军集结主力继续进攻。

2月10日，德军攻下英军苏格兰禁卫营防守的卡罗切托村。英军第一师残部退守卡罗切托河岸大堤。由于大型建筑物的失守，海滩上的盟军有全军覆灭的危险，卢卡斯遂决定投入最后预备队——2个步兵营和2个坦克连。

2月11日，盟军再次发动反攻，却没能击退德军。尽管盟军伤亡惨重，但在安齐奥海滩上依然已到十几万人。盟军挤在狭窄的海滩上，每天遭到德军密集的炮火轰击。经过几年战火考验的盟军没有像战争初期那样一触即降，而是拼死反抗。此时，安齐奥正值雨季，连降大雨，泥泞的盟军阵地上血流成河，活脱儿一个大屠宰场。

◎ 放弃罗马，撤退

2月14日，盟军第十五集团军群总司令亚历山大火速赶到安齐奥滩头阵地，视察阵地后，立即召开了记者招待会。在会上，亚历山大向记者们保证，决不会有第二个敦刻尔克。然而，盟军从地中海抽调不出更多船只，即便有狭小的滩头也容纳不下太多部队。亚历山大唯一能做的就是命令盟军主力猛攻古斯塔夫防线，逼德军从安齐奥地区抽调部队南下，以减轻滩头部队的压力。亚历山大处境难堪，本来想解决突破古斯塔夫防线的难题，如今正面盟军反而要救援登陆部队。

2月15日，英军第八集团军猛攻古斯塔夫防线的重要地段卡西诺山。英军最精锐的廓尔部队一度冲上卡西诺修道院，但很快就被赶了下来，3次强攻均告失败。亚历山大认为，这个古老的修道院是德军炮兵的观察哨。其实，凯塞林在建立防线时就严禁德军进入修道院，根本没有把它纳入防御体系。凯塞林为修道院外面派了哨兵，修道院的珍贵文物被移交给梵蒂冈教皇。亚历山大认为那座修道院太重要了，派出近 300 架次重型轰炸机，向有着近千年历史的修道院投掷了 453 吨炸弹，使其永远消失。凯塞林松了一口气，即刻派部队修建地下室，使其成为最好的炮兵观察所。

2 月 16 日 6 时，安齐奥的德军发动了全线反攻。首先是德军炮兵猛烈的炮击，盟军炮兵随即反击，双方展开了激烈的炮战。德军步兵在烟雾的掩护下进攻，小群坦克支援步兵。德军很快便撕开了盟军的防线，调来装甲部队从安齐奥 - 阿尔巴诺的公路发动强攻，目的是插入海边，将盟军分割并赶下大海。这次，德军使用了秘密武器——280 毫米口径的 K5 列车炮，重达 218 吨，发射特种榴弹时，射程为 62 公里，威力巨大。针对德军的猛烈反攻，卢卡斯调整了兵力部署，把英军第一师调到离安齐奥 10 公里、距离大型建筑物 4 公里的公路铁路立交桥处休息，把英军第五十六步兵师第一六九旅和美军第四十五步兵师第一五七团部署在公路左侧；美军第四十五步兵师第一七九团和第一八〇团部署在公路右侧；美军第三步兵师部署在奇斯泰尔纳镇。

德军潮水般向美军第一七九团的阵地发起进攻，他们不顾伤亡，视枪弹为无物。美军躲在乡村房屋和野战工事里，凭借先进的装备展开反击。德军攻势一波接着一波，美军阵地先后失守。照这样下去，德军有可能突破美军防线，抢滩登陆。盟军海滩上的炮兵和海上舰队全部开火，密集的炮火呼啸而来，覆盖了德军的攻击队形，德军先头部队伤亡过半。逃回阵地的德军被猛烈的炮火吓坏了，不敢再组织进攻。直至傍晚，盟军炮兵和舰队仍然控制着阵地。晚间，德军向美军第一五七团和第一七九团的接合部发动夜袭，撕开一个缺口。

2 月 17 日拂晓，德军在空军的支援下发动大规模攻势，努力扩大缺口，最终在盟军防线上打开一个宽约 3 公里的缺口，德军准备用装甲部队从该缺口展开突击。然而，3 公里的缺口仍然太窄，德军步兵集中兵力向缺口两侧进攻。盟军在缺口两侧阵地上的部队并未崩溃，继续坚持作战，德军无法扩大缺口。美军第六军军长卢卡斯立即向第五集团军司令克拉克报告，请求空军支援。克拉克说服了地中海战区的空军暂停对德军的轰炸，把所有飞机派往安齐奥。

与此同时，盟军在意大利南部正面战场经过长达 5 个小时的猛烈炮击，消耗炮弹达 5 万多发。英军强攻卡西诺峰失败，亚历山大的计划又失败了。在安齐奥地区，激战仍在进行。由于白天盟军轰炸机和舰炮的火力太猛了，德军十分被动。晚上，德军发挥擅长穿插迂回战术，向盟军防线渗透。此时，盟军部队陷入各自为战的困境，德军趁机攻下许多阵地。

2 月 18 日早晨，德军发动全线进攻，占领许多阵地。盟军无法组织完整的防线，德军只需再占领美军第一五七团一个连的阵地向前推进 900 米，就能进抵英军第一师残部坚守的立交桥，这里是盟军的最后防线。德军如果占领立交桥，就可冲到海滩。

混战对德军非常有利，盟军却难以发挥装备优势。德军迅速歼灭美军第一五七团一个连，其步兵和坦克一起扑向立交桥。盟军火炮和舰队的舰炮再次吼叫起来，雨点般的炮弹立刻将立交桥前的开阔地带变成了屠宰场。仅仅几分钟，几千名德军就被炸得粉碎，后面的德军大部队无法越过这个死亡地带。美军第六军副军长特拉斯科特主张立即发动反攻，彻底摆脱被动挨打的不利局面。他计划派英军第五十六步兵师第一六九旅从立交桥左侧发起反攻；美军第一装甲师、第六摩托化师和第三十步兵师从右侧发起反攻。

正当盟军准备反攻时，德军投入最后预备队发动猛攻。盟军死守阵地，双方官兵成片倒下。盟军舰队在海上发射了两万多发炮弹，与海滩上的盟军火炮制造了一个死亡地带。在立交桥下不足千米的死亡地带上，堆满了德军尸体。傍晚，德军仍然无法突破死亡地带。盟军集中火炮和舰炮不断轰击德军必经之路，伤亡惨重的德军冲进盟军防线，双方在阵地上展开了激烈的白刃战。对于盟军来说，已经到了生死时刻，其厨师、司机等勤务人员，以及海滩上开吊车的司机都参加了战斗。德军没有了预备队，只能拼尽所有力量做最后一击。

2月19日天亮后，德军开始撤退，在付出巨大的伤亡后，仍未占领立交桥。这时，安齐奥海滩战斗也在激烈地进行。盟军乘胜追击，装甲部队引导步兵冲出阵地，德军装备落后，又刚从战斗中撤出，被打得措手不及，全线溃退几公里才顶住盟军的反攻。这样，盟军的安齐奥登陆战成了第一次世界大战式的堑壕战，双方对峙达3个月。其间，德军向盟军坚守的滩头阵地发起连续进攻，企图将盟军赶下大海。同时，德国空军对安齐奥港口进行狂轰滥炸，企图阻止盟军补给及增援。为减轻安齐奥登陆部队的压力，盟军向卡西诺山发起轮番猛攻。

2月22日，丘吉尔在英国下院公开宣布，支持意大利国王和巴多格里奥政府，使意大利6个政党建立自由政府的希望破灭。英国的目的是维持一个亲西方的意大利政府。苏联开始干预意大利政治后，英美不得不向苏联做出让步。

3月2日，盟军全天出动几百架轰炸机，不断升空前去轰炸和扫射德军。德军感到无法取得胜利，最终放弃进攻。

3 月 15 日至 21 日，在古斯塔夫防线正面，盟军中以勇猛著称的新西兰军在大批飞机的近距离支援下强攻卡西诺山，却久攻不下。德军经不起如此大的人员伤亡，凯塞林命令安齐奥的德军不要抱有歼灭盟军的幻想，全面转入防御。

盟军在 500 架飞机的支援下，强攻卡西诺山。进攻时，盟军发射 19 万发炮弹，空军投掷 1000 多吨炸弹。面对如此高密度的轰炸，德军仍然没有丢失阵地。

3 月中旬，为了支援安齐奥滩头，美国空军少将艾拉·埃克指挥盟军空降部队发动了切断德军补给线的空中阻隔战。盟军空降部队尽管狠狠打击了德军，但德军仍然没有撤退。

3 月 28 日，意大利共产党书记帕尔米罗·陶里亚蒂在莫斯科流亡多年后，在苏联的支持下回到意大利，在意大利政界引起了不小的轰动。

4 月 1 日，意大利共产党提出，不管国王是否退位，6 个政党应马上参加政府。在苏联的强烈要求下，英美除了同意外别无选择。

4 月 6 日，意大利 6 政党向公众披露了设置副摄政的计划。

4 月 12 日，意大利成立副摄政制，自罗马解放之日起生效。

4 月 24 日，意大利联合政府成立，巴多格里奥出任首相兼外长。

5 月 11 日晚，盟军古斯塔夫防线阵地上火炮林立，炮兵们做好了战斗准备。"王冠"作战计划开始，盟军 2000 多门火炮一齐向德军阵地倾泻着弹药。在密集的炮火掩护下，盟军步兵在呐喊声中冲向德军阵地。由于盟军在装备方面处于绝对优势，德军防线陷入混乱。除了在卡西诺山的德军仍在坚守阵地外，其他方面的德军已经崩溃。

5 月 17 日晚，在修道院废墟防守的德国空降部队撤离阵地，德军的古斯塔夫防线彻底崩溃。

次日清晨，波兰第二军以伤亡 4000 人的代价攻下卡西诺山。凯塞林派出大量预备队增援南部，这样就给在安齐奥滩头的盟军制造了一个反攻的绝佳机会。

5 月 22 日凌晨，安齐奥的盟军发动反攻。英军第一师在 500 门火炮的支援下率先发起佯攻。天亮后，60 架盟军轰炸机前来轰炸和扫射德军。随后，美军第一装甲师，第三、第四十五步兵师猛攻奇斯泰纳尔镇。奇斯泰纳尔镇早被炸成废墟，但德军仍然死守阵地。经过一天激战，双方伤亡惨重。美军仅坦克就损失了 100 多辆。黄昏前，盟军只推进到奇斯泰纳尔镇的铁路线旁，进攻阻力非常大。

同一天，英军第八集团军的进攻也没有取得多大进展。美军第五集团军第十一军强渡加里利亚诺河，扑向特拉切纳城。法军正扑向利里河和萨科河。法军和美第五集团军第十一军的攻势严重地威胁着德军主力的安全。凯塞林连忙把主力撤到恺撒防线，该防线从西海岸台伯河口一直到东海岸的佩斯卡拉，横贯意大利半岛。德军第十集团军边打边撤，并与部署在恺撒防线的第十四集团军会合。

5 月 23 日，在安齐奥的美军第六军得到 1 个师的增援，开始突破德军防线。亚历山大希望安齐奥的盟军来一次强有力的突破，一直打到瓦尔蒙托内，切断 6 号公路，一举将德军第十集团军歼灭。

5 月 25 日，美军第一装甲师和第三步兵师向东北方向推进 20 公里，占领 7 号公路东侧的科里，与从南面赶来的美军第二军会师。德军"戈林"师迎头扑来，挡住了美军的攻势。克拉克亲率第六军攻打罗马，想抢头功。亚历山大呼吁克拉克把切断德军第十集团军的退路作为主要作战任务。

5月26日，美军第五集团军第十一军与安齐奥的美军第六军在海滨公路会合。这时，盟军几乎对德第十四、第十集团军形成合围，完全能够围歼这两个德国集团军。然而，美军第五集团军司令克拉克只派美军第三师和美加特别勤务大队去抢占瓦尔蒙托内并封闭6号公路。第六军新任军长特拉斯科特接到命令后感到震惊，因为这样会导致围歼德军主力的计划破产，他只能服从军令。

亚历山大和丘吉尔对克拉克的做法表示强烈反对，但克拉克根本不理睬英国人的态度，仍然命令第六军主力从7号公路进攻罗马。德军统帅部把战略预备队"戈林"装甲师拨给凯塞林。德军第十四集团军得到"戈林"装甲师的支援后，暂时挡住了盟军对恺撒防线的猛攻。盟军在兵力和装备上拥有绝对优势，突破恺撒防线只是时间问题。鉴于此，凯塞林下令撤离恺撒防线。

5月30日，美军第三十六师攻克第7号公路上的阿尔巴恩山区的韦莱特里，趁机突破恺撒防线。克拉克指挥第五集团军主力发动大规模攻势，沿6号公路进攻罗马。在美军的强大压力下，德军被迫放弃罗马，开始撤退。

整个安齐奥战役，盟军伤亡约4万人，德军伤亡约2万人。盟军突破了坚固的古斯塔夫防线，为解放整个意大利奠定了基础。安齐奥战役历时近5个月，在战役初期，盟军差点被德军赶下大海，几乎到了崩溃的边缘。

◎ 哥特，最后的防线

6月2日，德军意大利战区总司令凯塞林不愿成为破坏罗马的历史罪人，命令德军撤离，宣布罗马为不设防城市。德军在撤出罗马市区时，连台伯河上的桥梁都没有破坏。

6月4日，克拉克率领美军第五集团军进驻罗马，德军开始全线大撤退。美军受到罗马人民的热烈欢迎，克拉克成为解放罗马的英雄。

至此，罗马再无战事。

德军撤到圣马力诺至卡拉拉一带的哥特防线，负隅顽抗。哥特防线在罗马以北约130公里处，是古罗马的汉尼拔将军设下最巧妙的陷阱所在地。哥特防线起于比萨，越过佛罗伦萨，延伸至亚得里亚海岸的安科纳。为了解除意大利的危机，希特勒向意大利增兵4个师和1个重型坦克团。为了稳住防线，凯塞林发动了一系列巧妙的迟滞性反击，挡住了盟军的推进步伐，将盟军阻滞在哥特防线以南地区。

盟军解放罗马后，继续向意大利北部推进。不久，为了支援法国南部的诺曼底登陆行动，第十五集团军群所属美军第六军、法军和70%的空军先后被调走，这样，就大大削弱了第十五集团军群的整体战斗力。

为了早日突破哥特防线，盟军第十五集团军群总司令亚历山大和参谋们绞尽脑汁，制订了"橄榄"计划。"橄榄"计划的战略意图是：英军第八集团军秘密赶到亚得里亚海边，并在海边发动进攻，再向里米尼推进；当德军的兵力集中到亚得里亚海边后，美军第五集团军在左中防线上发动进攻，目的是占领波伦亚；当德军对美军第五集团军的突破做出反应时，英军第八集团军再向前猛攻，占领巴底平原，从而瓦解哥特防线。

6月5日，意大利国王维克多·埃曼努尔三世把权力移交给王储，由6个政党组成的民族解放委员会拒绝巴多格里奥的领导，提出成立一个新的联合政府。劳工民主党领袖伊凡诺耶·博诺米成为新政府首脑。

7月27日，意大利政府颁布一项法令，对这些人员提起公诉：上层法西斯分子，对建立和维持法西斯政府、对意大利的参战和战败负有主要责任者；政治上活跃的法西斯党员，特别是组织过政治恐怖活动，或者犯有罪行而被法西斯政府包庇者；1943年停战协定签署后，仍同德国合作的意大利人。接下来的几个月中，很多法西斯党员、战犯和与法西斯德国合作过的人被提交至高级法院审讯。这些审讯中引起轰动的是对意大利前军事情报局长罗阿塔、前意大利驻柏林大使菲利普·安富索、前阿尔巴尼亚总督弗朗切斯科·亚科莫尼的审讯。

8月25日，盟军第十五集团军群开始实施"橄榄"计划。英军第五军和加拿大第一军向东部沿海地区秘密转移，成功实现了战役的突然性。防守亚得里亚沿海地区的德军2个预备师装备差，战斗力很弱，被英军第八集团军很快突破。

8月30日，德军2个师赶来增援。此时，英军已经向前推进了十几公里。由于兵力严重不足，凯塞林命令所有德军退回到哥特防线，以抽出部分兵力增援亚得里亚海地区。

与此同时，美军第五集团军和英军第十三军在西面突然发动猛攻，占领了佛罗伦萨以北的焦加山口，突破德军的哥特防线，继续向博洛尼亚推进。

9月17日，英军第八集团军正面的德军增至10个师，使其在亚得里亚海岸的处境开始恶化，推进速度大大放缓。波河前边的平原上有13条河流，德军据河防守，使英军第八集团军的推进付出了惨重的代价。很多英军步兵师伤亡惨重，战斗力急剧下降。缓解了英军第八集团军的威胁后，凯塞林从亚得里亚海地区抽出大部分兵力，去对付正在推进的美军第五集团军。

9月21日，加拿大第一军占领里米尼，进抵波河流域三角洲，德军被迫退守马索河防线。

10月2日，美军第五集团军通过短暂休整后，继续沿65号公路向博洛尼亚推进。克拉克派美军第二军4个师投入战斗。德军人数虽然不多，依然拼死防守，加上后来从海边赶来的援军，使得在此后的3个星期中，美军的推进速度每天不超过2公里。

10月27日，美军第五集团军疲惫不堪，只好停下来再次休整。与此同时，英军第八集团军也停了下来。英军只渡过5条河，距离波河还有80公里。

12月，盟军为夺取越冬基地，发动了最后一次攻势，推进到腊万纳、法恩扎和维尔加托一带。此时，盟军部队高层进行了大调整。艾森豪威尔调往英国组织筹备诺曼底登陆的事宜，亚历山大接替艾森豪威尔出任地中海盟军总司令，克拉克接替亚历山大出任第十五集团军群总司令，特拉斯科特接替克拉克出任美军第五集团军司令，麦克里里接替蒙哥马利出任英军第八集团军司令，蒙哥马利调任第二十一集团军群司令兼地面部队司令，参与诺曼底登陆计划的制订工作。

亚历山大命令英军第八集团军突破亚得里亚海侧翼的德军，快速进抵波河，将德军分割包围，并切断其补给线，逼迫德军投降，否则就地围歼。英军第八集团军的具体任务是占领巴斯蒂亚至阿尔斯塔的道路，这是一条狭窄的通道，道路两边洪水泛滥，但它能够通往宽阔地带。当进攻顺利后，美军第五集团军对多山的德军中央防线发起进攻，经过波伦亚的西面进抵波河岸，与英军第八集团军会合后，一起推进到阿迪杰河一带。

与此同时，德军高层也出现了人事变动，因德军意大利战区总司令凯塞林元帅在车祸中受伤，第十集团军司令黑廷霍夫接替了他的职务。黑廷霍夫建议撤军，受到最高统帅部大本营的严厉反对："元首所希望的，现在和从前一样，就是保持积极的坚定的信心来完成任务，保卫意大利北方的每一寸领土。"

◎ 墨索里尼被处死

1945 年 4 月 9 日晚，经过一夜一天的大规模空袭和炮轰，英军第五军和波兰军队率先强渡塞尼欧河。

4 月 11 日，英军推进到桑特尔诺河，其第五十六师的先头部队和突击队乘坐"水牛"新式两栖坦克，突然在德军防线后面 3 英里的梅纳特登陆。

4 月 14 日，波兰军队占领伊莫拉；新西兰师强渡了锡拉罗河；英军第七十八师在向北推进时占领了巴斯蒂亚的大桥，而后与第五十六师共同沿阿尔斯塔公路进攻；美军第五集团军在皮斯托亚 – 波伦亚公路以西发动大规模攻势。经过一周激战，在空军的大力支援下，美军终于冲出山区，突破了波伦亚以西的大道，继续向北进攻。

4 月 20 日，黑廷霍夫不顾希特勒的命令，下令全线撤退。为了欺骗希特勒，黑廷霍夫报告："我已经决定放弃防守的策略而采用战略机动。"然而，德军的撤退为时已晚，盟军占领了阿尔斯塔，英军第六装甲师正向费拉拉快速推进。盟军包围了波伦亚的德军,波兰军队从东面围攻,美军第三十四师从南面围攻。

4月21日,波兰军队占领波伦亚,并歼灭了著名的德军第一空降师。美军第五集团军进抵波河,其右翼部队第六南非师与英军第八集团军的左翼部队胜利会师。德军补给中断多日,加上退路被断绝,大批的官兵投降。

盟军强渡波河后,沿着一条广阔的战线追击德军。由于所有桥梁都被盟军飞机炸毁,渡船和临时浮桥也被炸毁,德军遭到盟军飞机的疯狂轰炸和扫射,陷入一片混乱。此时,意大利游击队趁机出战,发起大反攻,先后占领了米兰和威尼斯等多座城市,热那亚的4000守军向意大利游击队投降。

英军第八集团军强渡阿迪杰河,进攻帕多瓦、特雷维佐;美军第五集团军从维罗纳向维琴察和塔兰托推进,其左翼部队进抵布里西亚和亚历山大里亚。在意大利北部战场,到处是盟军胜利推进的号角。盟国海军在意大利西海岸不断进行轰炸,击退了德意法西斯海军的小军舰和小潜艇的多次袭扰,扫清了一些港口的水雷,为日后地中海大规模海上行动创造了有利条件。

墨索里尼的残余海军几乎全军覆灭。面对盟军在各条战线上的全面攻势,墨索里尼的幻想彻底破灭了。他想与英美盟军谈判投降事宜。其实,早在3月1日,他就派儿子维托里奥·墨索里尼给米兰红衣大主教舒斯特尔带去口信。大主教要求书面信件。3月中旬,维托里奥·墨索里尼带着一份谈判文件再次赶到米兰。墨索里尼在谈判文件中要求向盟军司令部投降,"为使意大利北方人民免遭更多苦难,保护工农业免遭毁灭……决不向苏联投降,以挽救意大利免遭共产主义的蹂躏。只要盟国不对法西斯党起诉就行。"墨索里尼同意解散法西斯党。红衣大主教向盟国转达了墨索里尼的投降建议。自从被德军救出来后，墨索里尼就精神失常了。墨索里尼接到梵蒂冈的来信说，盟国拒绝他的投降。这下，墨索里尼彻底绝望了。

4月13日晚，墨索里尼强打精神，在每天召开的军政例会上说，意大利应在瓦泰利内进行最后的抵抗，他说，"法西斯主义将在那里英勇地倒下"。墨索里尼的讲话几乎遭到全体与会者的反对，尤其是他的总司令格拉齐亚尼。格拉齐亚尼在头脑冷静下来后，认为在败局已定的情况下，谈判是最有利的。他准备亲自去米兰谈判，打算与意大利游击队或盟国谈判，继续寻求结束战争的办法。

4月27日下午，驻意德军代表沃尔夫与盟军进行谈判。双方商定于4月29日，在地中海盟军司令部签署无条件投降书。双方计划于5月2日在意大利的陆地和海上的德军将全部向盟军投降。墨索里尼听说德军已经背着他和盟军达成无条件投降协议时，他害怕了。墨索里尼不想当俘虏，于是怀着侥幸心理，幻想逃到瑞士避难，或到意大利北方山区打"游击"。

墨索里尼和他的死党们来到格朗多拉小镇上的米拉瓦莱旅馆。他对德国党卫队保镖比策尔中尉说，留在旅馆太危险，他决定立刻去瓦泰利内。途中，墨索里尼一行与一支法西斯流寇会合。在这支逃亡的车队里，墨索里尼的轿车走在最前面。车队来到梅纳焦市郊时，墨索里尼问一个行人，这里是否有游击队。这个行人说："到处都是！"墨索里尼连忙下了轿车，钻进一辆装甲车。当车队继续向前行驶时，忽然一棵绕有铁丝网的树干挡住了去路。原来，这是游击队设置的路障。游击队员们开枪示警，命令车队停下。游击队员包围了车队，墨索里尼被捕了。

4月28日拂晓，意大利共产党总部派15名武装人员组成的护送队离开米兰，前往梅纳焦市执行处决法西斯头目墨索里尼的任务。墨索里尼和他的情妇贝塔西及15名死党全部被处决。当晚，他们的尸体被游击队员装上卡车，运到米兰，扔在广场上示众。

二战结束时，意大利人中有150万人沦为"战俘"，大部分是非战斗人员。其中被押送到英美当劳工的有55.8万人。这些人中，到1945年4月时已有1.8万人因年龄、健康等原因被遣返意大利，其余人员的遣返工作，因英国不愿失去劳动力而被推迟。1947年年初，英美两国遣返了所有意大利战俘。

英国军事法庭不仅受理对盟国军民所犯罪行的案件，而且受理对意大利人民所犯罪行的案件。结果，凯塞林和他的两个部下冯·马肯森和梅尔策被判处死刑（后改为终身监禁）。那些比较有名的战犯中，唯一的意大利人是尼古拉·贝洛莫将军，他曾下令处决被俘的英籍战俘。1945年，尼古拉·贝洛莫被英国军事法庭宣判处决。另外，盟国法庭还审讯了很多意大利人，做出一些死刑判决。在科西嘉岛和希腊，有一些意大利人受审。在挪威，有一名意大利人因其犯下的罪行而被处决。许多本来被要求提交审判的人，大部分当场被意大利革命群众处死，少数人受到意大利法庭的审判。